별똥별, 그리고 꿈은..

정대진 글모음집
별똥별, 그리고 꿈은…

인쇄 | 2025년 9월 25일
발행 | 2025년 9월 30일

글쓴이 | 정대진
펴낸이 | 장호병
펴낸곳 | 북랜드
　　　　04556 서울 중구 퇴계로41가길 11-6, JHS빌딩 501호
　　　　41965 대구 중구 명륜로12길 64(남산동)
　　　　전화 (02)732-4574, (053)252-9114
　　　　팩스 (02)734-4574, (053)252-9334
　　　　등록일 | 1999년 11월 11일
　　　　등록번호 | 제13-615호
　　　　홈페이지 | www.bookland.co.kr
　　　　이-메일 | bookland@hanmail.net

책임편집 | 김인옥
기　　획 | 전은경
교　　열 | 서정랑

ⓒ 정대진, 2025, Printed in Korea
저자와의 협의하에 인지를 생략합니다.

ISBN 979-11-7155-173-6　03810
ISBN 979-11-7155-174-3　05810 (e-book)

값 16,000원

건설인의
눈치밥
넷

별똥별, 그리고 꿈은…

정대진 글모음집

북랜드

머리말

폭염에 시달리던 어느 날
지친 발걸음을 달래려
공원 벤치에 앉아 주변을 둘러보다
내 뒤로
희미한 저 먼 곳에서부터
투벅투벅, 터벅터벅, 휘청휘청
때론 어두운 밤길을 어기정어기정
쉼 없이 쫓아오는 발자국들이 보였습니다.

긴 그 흔적들은
슬프거나 아프거나 외로울 때도

한마디 투정도 못한 채
늘 함께하던
소중한 나의 보물들이었습니다.

2025년 가을을 맞이하고픈 하늘 아래,
수많은 이 흔적들을 함께하며
남겨진 나의 발걸음들은
더 많이 행복해지길 기원하고 있습니다.
늘 여러분들과 함께….

2025. 9.

정대진 드림

차례

- 머리말 ____ 4

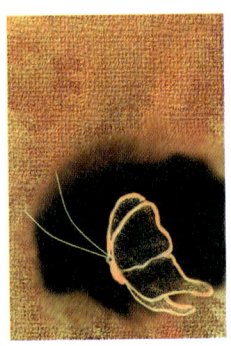

1 자화상

미래의 자화상 ____ 15
동반자 ____ 19
나의 사랑은 ____ 21
즐기는 삶 ____ 24
행복, 손가락 끝으로 ____ 30
발자국 ____ 36

2 단상斷想

단상-하나	51
단상-둘	55
단상-셋	60
단상-넷	64
단상-다섯	67
잡담-1	72
잡담-2	76
잡담-3	80
잡담-4	84

3 꿈

반항의 몸부림	91
DNA	95
공상과학영화	96
문蚊 장군	100
전기傳記	105
일진日辰의 척도	106
행위예술가	110

4 나목

남십자성의 슬픈 미소   115
낡은 시곗바늘   119
가을나비의 일탈逸脫   125
겨울 길목에서   131
노을빛 산들바람   135
나목裸木의 훈기   139
태양의 꽃   141

5 벙어리 낙타의 흔적들

낮에도 뜨는 별   147
처녀 불알, 찾았나요   157
리허설 없는 거리   165
붉은 환청의 숲   174
삶의 여울목에서   186
불꽃 영혼   195
왕견王犬을 찾습니다   200

6 여우, 술 마시던 날의 추억들

부처님 손바닥	207
여우, 술 마시는 날	213
연탄갈비와 해장국	218
부드러운 남자	227
남쪽 바닷가에서	233
아들들의 편지	239
시간의 여유	251

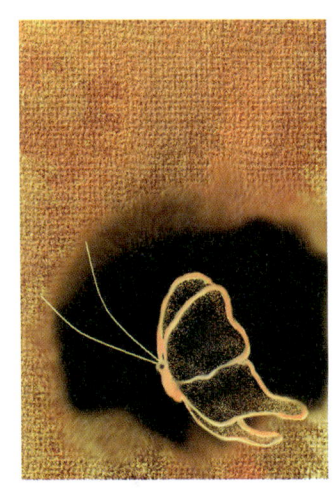

1 자화상

미래의 자화상 | 동반자 | 나의 사랑은
즐기는 삶 | 행복, 손가락 끝으로
발자국

미래의 자화상

첫 번째 자화상

'미확인물체', '비행접시'.

UFO들은 현재의 과학기술로는 설명할 수 없는 이동성과 형체를 띄고 있다고 한다. 때문에 객관적이고 공식적인 발표가 없는 상황에서는 우리를 훨씬 능가할 거라는 확신 속에 있다.

더 나아가 인간이 숭배하는 신神은 그 옛날 지구에 왔었던 문명이 고도로 발전된 외계인일 거라는 풍문까지도 있다. 더구나 현대 과학으로는 설명할 수 없는 그럴 만한 유적들도 세계 곳곳

미래의 자화상

에 남아 있다고 한다.

외계인의 모습은 어떨까.

'스티븐 스필버그' 감독의 영화 'E.T.'[*]에 나오는 모습이 대표적인 모습 중에 하나일 듯싶다. 내 기억으론, 60년대 초에 나돌던 공상만화에서 나오는 외계인들의 모습은 못생긴 E.T.와 비슷했다.

그 형상들은 많은 지식을 담고 있어선지 대부분 눈과 머리는 컸다. 손가락은 첨단기기를 이용하기 때문인지 길었다. 거기에 비하면 하체는 무척 부실해 보였다.

아마도 그들의 주변 환경은 발전된 문명으로 노동이나 운동은 전혀 필요치 않은 상황인가 싶다.

---

[*] The Extra Terrestrial. 지구 밖의 생물, 외계인. (1982년 제작) 작은 체구에 비해 큰 머리와 긴 손가락을 지녔다.

두 번째 자화상

E.T.보다 잘생긴 우리들의 모습은 어떻게 변할까?

인간의 생체조직은 발전하는 과학문명에 순응하며 수 세대를 걸쳐 점점 변화할 거라는 말과 같이 우리들의 진화도 진행 중이며, E.T.와 유사하게 될 것이 뻔해 보인다.

전조 증세인 양, 오래전부터 뛰어다니며 놀던 수많은 아이들은 학교 운동장에서 조금씩 사라졌다. 전자기기에 심취해 점차 줄어들더니 어느새 핸드폰, PC 등을 손가락으로 조종하며 세상을 서서히 움직이기 시작하고 있다.

이제 피할 수는 없다.

수세기를 이어 새로운 문명을 요구하는 우리들의 두뇌는 계속 발전하며 커지고, 육체가 감당해야 할 분야들은 첨단기기들이 모두 다 대신하며, 고차원적인 기기들을 조정해야 하는 손가락들은

미래의 자화상

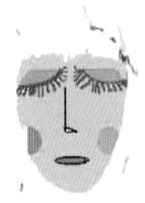

*퇴화된 아름다움과 필요한 기능만 발달된
또 하나의 생명체.
미래의 우리들의 후손, 그 형상이 궁금해진다*

조금씩 길어질 거다.

　이처럼 E.T.를 비슷하게 쫓아가는 우리들의 시작점은, 지나도 한참 오래전에 지난 것 같다.

　퇴화된 아름다움과 필요한 기능만 발달된 또 하나의 생명체.
　미래의 우리들의 후손, 그 형상이 궁금해진다.

동반자

그와의 만남은 필연적인 운명이다.

세계인 80억 명의 동반자이면서 나만의 소유물인 그는
평생의 적이기도 하다.
하지만, 지금껏 그를 이겨본 적이 없다.

나를 앞서지도 않는다.
그렇다고 나보다 뒤지지도 않는다.
때론 지친 몸으로 쉬었다 가자고 붙잡고 싶지만,
그는 밉살스럽게도

동반자

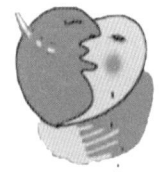

나를 앞서지도 않는다.
그렇다고 나보다 뒤지지도 않는다.
때론 지친 몸으로 쉬었다 가자고 붙잡고 싶지만,
붙잡힐 만한 곳을 어디에도 지니고 다니지 않는다.

붙잡힐 만한 곳을 어디에도 지니고 다니지 않는다.

보이지도 만져지지도 않는 그와

평생 함께할 나는,

딱히 정해진 목표도 없지만

쉼 없이, 끊임없이 앞으로만 가고 있는 그를

나의 계획된 내일과 미래의 길로 유도할 뿐이다.

그는 화살처럼 빠르다 한다.

혹자는 찰나刹那와 같다고도 한다.

나의 사랑은

팔자소관 八字所關

내 의지와는 상관없다.

이쪽일까 저쪽일까.
갈팡질팡 고민하고 팔랑거리며 다녔다.
이 또한 태어날 때 꼭 쥔 두 주먹 안에 넣어진 나의 운명이라는 틀에 넣는다. 그러면 내 의지로 한 것은 아무것도 없다.
내 의지라는 것은 이미 정해진 길로 이끌려 가는 것일 뿐이다.

나의 사랑은

*나 자신의 사랑은
나 역시 천상병 시인처럼
소풍 왔다는 즐거운 몸짓이다.*

내 인생임에도 나의 의사결정意思決定은 없다는 것이다.

결국, 신神 또는 조물주에게로 모든 것이 종결된다.
이것은 인간만사, 희로애락을 쉽게 결론짓는 방법일 수도 있다.

팔자소관八字所關 속에 머물고 있는 나.
그런 나를 사랑한다.
조물주가 이 사랑마저도 자기 손바닥 안에서의 행동이라고 할지라도, 이 사랑만큼은 더 이상 포기할 수 없다.

즐거운 몸짓

아무런 의지도 없이 운명 속에 머물고 있다는 나.
그래도 그런 나를 사랑한다.
가냘픈 한 가닥의 머리카락,
못생긴 손톱 하나라도 나의 것을 사랑한다.

조물주가 이 사랑마저도 자기의 손바닥 안의 정해진 행동이라고 할지라도, 나 자신의 사랑은 나 역시 천상병 시인처럼 소풍 왔다는 즐거운 몸짓이다.

즐기는 삶

7년 만의 외출

어두운 밤.

나는 비로소 살며시 나무를 부여잡고 조심스럽게 발걸음을 옮깁니다.

조금씩 위로 위로 올라가 자리를 잡습니다.

이제는 무거운 겉옷을 벗고 시원한 바람에 날개를 말리며 비로소 내 모습을 드러냅니다.

7년 만에 어두운 세월을 보내고 이 넓은 세상을 맞이합니다.

운다, 울어

늦은 저녁, 비 오는 공원길.

어둑한 가로등 불빛을 품은 매미 소리가 들린다.

매미 소리를 노래라고 하며, 옛적 기생들은 노래를 잘하게 된다며 매미를 구워먹었다고 한다.

기억 속에 있는 '기생과 노래'에 '비와 매미 소리'를 함께하니, 뭔가 야릇하게 풍기는 수컷들만의 낭만이 있을 것만 같은 느낌이 다가선다.

하지만, 비 오는 늦은 밤까지 무슨 한이 많은 듯 큰 소리를 저리 지르고 있으니, 오히려 짜증스러운 상황만 펼쳐질 것 같다.

오늘 밤, 그녀가 없는 잠자리가 허전하다며 울부짖는 건지.

아니면 어두운 땅속에서 사계절을 일곱 번씩이나 보내고, 이제야 밝은 태양 아래 산천초목을 보게 된 팔자인데. 기껏해야 20여 일을 산다고 하니 기가 막히고, 코가 막혀서일까?

짧은 삶, 실컷 노래하자

하긴, 굼벵이가 우화羽化 과정을 거쳐 성충이 되는 변태變態 과정으로 매미를 불사不死와 재생再生을 상징하기도 하는데, 고작, 20여 일밖에 못 산다 하니, 이건 너무했다는 생각은 든다.

이런 안타까운 사정 때문에 조물주에게 밤새워 하소연을 해 볼 참이라면 이해는 된다.

그렇게 밤까지 자지러지게 울었지만, 8월 중순쯤부터는 매미 소리가 점차 들리지 않는다. 타고난 운명을 거스를 수는 없는

*감성적인 측면에서
낮에는 '노래 소리', 밤에는 '운다'로
하면 또 어떨지?*

즐기는 삶

땅속에서 7년을 견디고는
땅 밖 세상으로 나와
20여 일 살다가는 매미는
노래하는 걸까 울음 우는 걸까

것, 낮이고 밤이고 울고불고 쥐어짜 본들 아무런 소용도 없다는 것이다.

오히려 반대의 시각으로는, 정해진 세월 동안에는 즐겁게 노래하는 시간도 짧을 텐데, 언제 울 시간이 있겠나 싶다.

긍정적 삶의 눈망울로는 '매미가 운다'보다는 '매미의 노래 소리'가 제격은 아닐는지.

감성적인 측면에서 낮에는 '노랫소리', 밤에는 '운다'로 하면 또 어떨지?

자화상 27

매미의 一生

매미는 노래하는 걸까

울음 우는 걸까

땅속에서 7년을 견디고는

땅 밖 세상으로 나와

20여 일 살다가는 매미는

노래하는 걸까

울음 우는 걸까

맴- 맴- 맴

자화상 29

행복, 손가락 끝으로

따스한 구원의 손길

　주변의 상황들은 벌써부터 가볍고 한산해지기 시작했다.
　사회와 가족, 덩달아 배우자로부터의 관심까지 슬며시 사라지기도 한다.
　어느새 점점 찾아주는 사람이 없어져가는 초조함과 두려움에도 익숙해져가는 듯하다.
　심하면 자신의 존재를 자신도 모르게 망각해 갈 수도 있다.
　마치 생물학적 식물인간과 비슷해져간다.

'카톡 카톡'
마치 어둠에서 불빛을 찾은 듯
눈물겨운 순간

 이런 삶의 연장선상에서 들리는 '카톡 카톡' 소리는 마치 어둠에서 불빛을 찾은 듯 눈물겨운 순간이다.
 아직은 누군가의 기억 속에 있다는 나, 그의 존재를 확인할 수 있다는 신호이다.

미열微熱의 잔불씨

웬일일까!

요즘 들어 60년 가까운 인연으로 이어온 군대동기들의 참여가 오히려 하나 둘씩 늘어나고 있다.

이른 아침부터 울리는 카톡 소리는 전보다 더 기를 쓰는 듯하다.

오늘도 새벽부터 눈떴다며 학창 시절 출석부 호명 때의 대답 소리처럼 들린다.

그냥 대답이 아니고, 웃음이 스민 기쁨들이 그득그득 담겨있는 것만 같다.

오늘은 가수 최성수의 '동행'도 함께 올려놓았다.

1987년에 발표되었으며 러시아의 곡을 번역한 것으로 밝혀지기도 했던 노래이다. 사랑하는 연인을 향한 감미로운 목소리는 차분하면서도 가슴에 와닿는 여운이 오늘따라 남다르다.

행복, 손가락 끝으로

사랑하고 싶어요
빈 가슴 채울 때까지
사랑하고 싶어요
살아있는 날까지…

…/ 누가 나와 같이 함께/ 울어줄 사람 있나요/ 누가 나와 같이 함께/ 따뜻한 동행이 될까/ 사랑하고 싶어요/ 빈 가슴 채울 때까지/ 사랑하고 싶어요/ 살아있는 날까지…

흐르는 노래의 음률을 타고 '카톡' 소리는 이어지고 있다.
 어쩌면 날이 갈수록 커지는 주변으로부터 무관심에 대한 힘없는 반항심의 출구일 수도 있다. 때론, 꼭꼭 누르는 손가락 끝에는 펑퍼짐해진 마누라로부터 점차 소외되어가는 아쉬움과 애증까지 담겨 있을 성싶다.

자화상 33

부활의 애잔한 미소

생존의 본능일까!

기력을 다해서 그토록 침울한 늪들을 헤치고 하나둘씩 같은 인연들끼리 모이더니, 이제는 매일매일 나를 찾아주는 행복을 서로의 따스한 손길로 느끼고 있다.

문제는 잠이 없어도 너무 없는 건지, 아니면 새벽에 누군가가 비상을 걸은 건지.

새벽 5시쯤, 잔잔한 공기를 깨는 '카톡 카톡' 소리에 놀라기도 한다.

잠결에 짜증은 나지만 숨 쉬게 된 오늘의 기쁨을 가까운 인연들에게 알린다는데 뭐라 심하게 탓하기에는 좀 그렇다.

주책일지언정, 그런 너와 나의 손가락 끝에서 내일의 새벽은 또 열릴 것이다.

행복, 손가락 끝으로

누군가 말했다.
"인연이란 산길과 같아서
매일 오고 가지 않으면 잡초가 무성해진다."

누군가 말했다.

"인연이란 산길과 같아서 매일 오고 가지 않으면 잡초가 무성해진다."고.

발자국

첫 번째 발자국

허리 통증에 시달린 지 오래되었다.
주변에서는 걷기운동을 권한다. 한술 더 떠서 오래오래 살고 싶으면 많이 걸으란다.

모처럼 동네 근처 긴 철길 따라 조성된 공원길을 걷는다.
푹신푹신한 산책길도 있고, 숲속에는 오솔길도 이리저리 이어져 있다. 가족끼리 부부끼리 연인끼리 저마다의 여유로운 발

발자국

길이 어디 한 곳뿐이랴.
길 위에서 길을 묻는다.

걸음을 즐기고 있다.

흙길로 이어진 숲길에는 맨발로 걷는 사람들도 있다.

길이 어디 한 곳뿐이랴.

길 위에서 길을 묻는다.

두 번째 발자국

맨발걷기를 어싱Earthing 또는 그라운딩grounding이라고 한다. 번개를 잡아 땅으로 흘려보내는 건물 피뢰침의 접지接地 영어로는 어싱Earthing과 같이 맨발걷기도 접지라고 한다는 것이다.

그렇다면, 신체를 지구와 직접적으로 접촉시켜 지구의 자연적인 에너지를 받아들인다는 설說에 연유한 운동은 아닐까 싶다.

좌우간 이렇든 저렇든 걷는 운동이 건강에는 최고란다.
이런 흐름에 동조한 지자체에서는 발 빠르게 맨발 전용 산책길까지 만들어 놓고 있기도 하다.

세 번째 발자국

늘 더운 지역에 사는 사람들.
삶 자체가 맨발인 민족들도 있다.

중동에서 보았던 그곳 원주민도
그중에 한 민족임에는 틀림없다.

그들은 신으나 마나 한 슬리퍼 아니면 맨발이지만,
별 불편함 없이 지내고 있었다.

발바닥은 흡사 낙타 발바닥 같았다.
그런 두 발로
굵은 모래와 작은 돌멩이들이 펼쳐진 사막 위에서
축구까지 하는 노련한 모습에 놀랐던 우리들이었다.

발자국

"그래, 걷자 걸어!"
"남은 신발들을 연기에 실어
하늘 높이 올려 보내주기 전에."
"그 덕에 오래오래 살아보자…."

혹시, 자연의 기를 많이 받아서 그런가?
그렇다고, 맨발인 그들이
오래오래 산다는 이야기를 듣지는 못했다.

네 번째 발자국

발[足]은 직립보행하는 인간의 특권이다.

문헌(한국문화 상징사전 1, 315쪽, 동아출판)에 의하면, 고대 오리엔트와 고대 그리스-로마에서는 발로써 정복을 상징했기에, 승자는 패하여 쓰러진 적의 몸에 발을 올려놓았고 이런 풍습은 널리 있었다 한다.

대지 위에 몸을 지탱하는 두 발은 인간의 자존심이며 정복과 권력을 상징했다. 이런 상황을, 고대 역사극에서 탄원을 하거나 복종을 표시하기 위해서 권력자의 발 앞에 엎드린 간청인의 모습으로 보이곤 한다.

발은 권력을 상징했기에 보호되어야만 했었다.
따라서 과거에는 맨발은 비천함과 예속, 속박을 의미한다고도 한다. 그래서인지, 로마의 노예는 모두 맨발이었다고 한다.

다섯 번째 발자국

'발을 빼다' '발을 담그다' '발을 붙이다' '발을 딛다' '발을 얹다' '발을 씻다'

발은 우리의 일상생활에서 삶의 방향과 생활 방식과의 관계에서도 폭넓게 인용되고 있다.
또한 혹자는 삶의 근거, 존재의 가치도 상징한다고 한다.
자살하는 사람이 이승에 가지런히 신발을 남기는 것도 자신의 발을 감싸던 최후의 자아이기 때문이라는 주장이다.

한편 어느 학자에 의하면 '콩쥐 팥쥐'와 '신데렐라'에서 나오는 신발은 중요한 신표 구실을 한다고 한다.
여기서 발은 남근을 상징하고, 신발은 여근을 상징한다고 한다. 즉 신발을 차지하면 여성을 차지하게 된다는 관념도 추측할 수 있다는 것이다.

여섯 번째 발자국

내 발[足]은 좀 크고 볼도 넓은 편이다.

군 시절, 진해 훈련소에서 지급받은 신발은 훈련화, 작업용 가죽단화, 군화, 이렇게 3종류였다.

당시 군은 주는 대로 받고, 받은 크기에 몸을 맞추던 시절이었다. 하지만 훈련화만큼은 내 발 때문에 예외였다. 결국 나 혼자만 상남 보병훈련을 포함한 3개월 내내 군화를 신고 훈련을 받았다.

묵직한 군화에서 오는 둔함과 피로감을 안은 채, 훈련화를 신은 동기생들과 보조를 맞추기 위해 무진 애를 썼었다.

훈련소를 나와서도 힘 있는 군홧발에 동승해서 작은 단맛이라도 조금 보았다면 섭섭하지는 않았겠지만, 소총수 병과로 길게 파놓은 교통호를 서성거려야 할 뿐 어림없었다.

발자국

신은 듯 마는 듯하는 착용감으로
가볍고 편해진 발로
고운 발자취를 이어가고 싶은
인생을 꿈꿔왔던 나

신은 듯 마는 듯하는 착용감으로 가볍고 편해진 발로 고운 발자취를 이어가고 싶은 인생을 꿈꿔왔던 나였다. 하지만 힘들어하던 나의 시간들은 어정쩡한 신발과 발 사이의 불화로 이미 군대 훈련 시절부터 시작되어 지금까지 이어지고 있는지 모르겠다.

일곱 번째 발자국

옛 시절, 권력을 상징했다는 발.
우리도 권력과 신분에 따른 다양한 신발들이 있었다.

자료에 따르면 특히 왕은 겉은 비단에 바닥은 나무를 대 정성껏 만든 석鳥을 신었고, 왕은 붉은 신발을, 왕비는 푸른 신발을 신었다.

평민들은 주변에서 구하기 쉬운 재료인 짚으로 만든 짚신과 마로 만든 미투리를 삼한시대부터 조선시대까지 널리 신었다고 한다.
또한 근대에는 기억에도 생생한, 성철스님이 신었다는 검정 고무신도 있다.

발자국

어린 시절, 갓에 도포자락을 입은 사람을 보았다.

짚신을 신은 사람은 너무 어려서 기억을 못 할 수도 있겠지만 딱히 본 기억은 없지 싶다.

분명한 것은 초상집의 활짝 열어놓은 대문 상단에 으레 걸려 있던 한두 켤레의 짚신은 생각이 난다.

걸어놓은 것은 북망산천의 먼먼 저승길에 신고 가라는 의미가 아닌가 싶다. 마당 한편에 휘장을 치고 그곳에 앉아, 조문객들은 망자를 그리며 술잔을 기울였다.

장례식이 끝나면 저승에 가서 쓰라고 망자의 유품을 불에 태우고 연기에 실어 하늘 높이 보내줬다.

여덟 번째 발자국

요즘 들어 신발이 조금씩 무거워진다.
무더운 여름날, 내 발도 더위를 타나 보다.
계절에 맞는 신발을 찾아 신발장을 여니, 한 번도 신지 않은 것도 있고, 오래된 신발과 선물 받은 것까지 여러 켤레나 있다.

검정고무신에 질려버리던 어린 시절. 운동화 한 켤레에 온 세상이 내 것인 양, 팔짝팔짝 뛰던 시절이 엊그제 같은데…. 지금은 신발장에 놓인 신발도 다 신어보지 못할 것 같은 마음에서 불길함까지 든다.

"그래, 걷자 걸어!"
"남은 신발들을 연기에 실어 하늘 높이 올려 보내주기 전에."
"그 덕에 오래오래 살아보자…."

2 단상 斷想

단상-하나 | 단상-둘 | 단상-셋 | 단상-넷 | 단상-다섯
잡담-1 | 잡담-2 | 잡담-3 | 잡담-4

단상斷想-하나

생존경쟁

전 세계인의 숫자는 2024년 현재 81억 명이 넘었다고 한다. 이 중에서 인도의 인구가 중국의 인구를 넘었다는 UN의 추정 수치도 있다. 마치 멸망한 공룡이 부활해서 눈앞에 바싹 다가선 것 같은 압박감을 느낀다.

인구 14억이 넘는 중국과 인도를 포함하여 1억이 넘는 국가는 15개국 정도이다. 중국, 인도를 이어서 미국, 인도네시아, 파

단상斷想-하나

키스탄, 브라질, 나이지리아, 방글라데시, 러시아, 멕시코, 일본, 에티오피아, 필리핀, 이집트, 콩고민주공화국이다.

   이들 국가들의 인구 합계는 전체 인구의 60%를 상회하고 있으며, 인구 1억 클럽에 바싹 다가서는 국가로는 베트남, 튀르키예 정도가 있다.

   지구의 표면적은 5억1천만km^2이며, 바다의 면적은 약 71%로 3억6천만km^2이다.

   학설에는 우주가 점점 넓어지고 있다지만 지구까지 덩달아 커진다는 반가운 소식은 없다.

   빙하는 점점 녹으면서 결국, 29% 면적에서 조금씩 줄어드는 육지에는 수천 종의 육지생물들의 생존경쟁만이 처절하게 다가설 것이다.

환경 변화

　우리 주변에서 보고 느끼고 있는 환경 변화는 식량위기를 초래한다.

　관련 보고서에 의하면 현재 상황에서 식량 공급이 인구증가 속도를 따라잡지는 못할 것이라고 한다.

　지금 상황들도 좋아보이지는 않지만, 2040년쯤에는 심각한 기후 영향의 피해에 시달릴 것이라고 한다.

　관련된 모든 학자들이 눈에 빤히 보이는 피해 현상을 해결하고자 하지만, 다가서는 위기상황의 속도를 추월할 수 있다는 확신도 어렵다는 거다.

　그렇다면 자원이 부족한 인류가 함께 생존하기 위해서는 지구 전체의 정책적인 차원에서 어떤 변화를 요구하게 될지 두렵기도 하다.

단상斷想-하나

품종 개량

날이 갈수록 작아지는 육지에 비해서 인간의 현재 체형은 사치라는 판단이 필요하지 않을까. 비관적인 미래를 위한 낭비라는 점을 강조하면서….

더구나 현재로는 제3의 지구를 찾는 것도 꿈일 뿐이다.

멸망한 거대한 공룡의 시대를 피하기 위한 지구 전체의 용단은 빠를수록 좋지 않을까.

결국, 의식주 모든 분야에서 20% 정도의 자원 절감을 위해서라며 작금의 인간들의 키가 150cm 이하라는 피그미족과 유사하게 개량해야 할지 모르겠다.

아마도 환경 변화를 이기려는 고난의 시간보다 성장억제제를 개발하는 시간이 훨씬 짧을 수도 있을 것 같다.

단, 문명은 더욱더 발전해야만 한다.

작은 체구일지라도 만물의 영장으로 지구를 움직이기 위해서는….

단상斷想-둘

성장억제제

봄바람에 이끌려 꽃시장으로 나갔다.
키가 30cm 정도 되는 해바라기를 보았다.
한여름에 담 너머 옆집의 젊은 처자를 훔쳐보던 해바라기가 작아졌다.
그것도 여름이 아닌 지금 계절에 꽃을 피우고 있었다.

꽃가게마다 활짝 피어난 꽃들은 예전의 모습들이 아니다.

단상斷想-둘

*한여름, 담 너머 옆집의
젊은 처자를 훔쳐보던
해바라기가 작아졌다.*

앙증맞기는 해도 늘 보던 형태보다 많이 축소되었다.

성장억제제를 사용한다는 말도 들었다.

이런 추세는 마당 없는 주거형태가 보편화되면서 관리하기 쉽게 개량되었다고 본다.

앞으로도 소형화로 축소되는 종자개량은 꾸준하게 이어질 것이라는 판단이다.

축소지향형

축소지향형.

내가 이 말을 처음 들었던 기억은, 자연을 집 안으로 옮겨놓는 형태의 일본식 정원이었던 것 같다.

그리고 일본의 축소형 제품 중에는 소니회사의 워크맨(음향기기)이 있다.

1980년대에는 이 작은 제품을 허리춤에 차고 이어폰으로 음악을 들으며 자전거를 탄다거나 아침 산책 또는 조깅을 하는 청순하고 생동적인 풍경들이 나오기 시작했다.

손안에 잡히는 이 작은 미니카세트는 전 세계인들의 환호가 있었다.

지금도 중고시장에서 이 제품을 보면 반갑고 사고 싶은 충동을 느끼고 있다.

단상斷想-둘

어느 학자는 이렇듯 일본인의 DNA에는 축소하는 남다른 재주가 있다고 한다.

하지만 자만해진 일본인들이 그 앞에 대大를 붙이기 시작하면서 서서히 망해간다고도 했다.

즉, 일본을 대일본이라고 그들 스스로 붙이게 되면 망하게 되며, 세계 제2차 대전 당시의 태평양전쟁이 바로 그 증거라는 거였다.

그들은 군국주의와 제국주의 상징인 욱일기를 내세우며 대일본제국이라고 했음을 역사를 통해 우리는 잘 알고 있다.

겸손의 극치

일본의 DNA와 대大는 상극관계라는 의미도 된다.
그렇다면 우리나라의 DNA와 대大는 어떨지.

우리는 한민족 앞에 대한민국大韓民國이라고 대大를 이미 품고 있다.
그럼에도 불구하고 소국小國이라고 하는 사람이 있었다.

이를 동방예의지국의 겸손으로 봐야 하는지.
아니면 관상용으로 꽃들을 축소하는 추세에 맞추느라 우리나라까지도 성장억제제에 푹 담가 축소하고 싶다는 것일까.

누구를 위한 관상용으로 만들고 싶다는 것일까.

단상斷想-셋

초고령화 사회*

"올해 어떻게 됐어요?"

지하철 탑승을 기다리는데, 옆에 있던 할머니가 불쑥 내게 물어온 말이다.

"네, 70 중반을 조금 넘겼습니다."

"그래요, 좋을 때네. 나는 86살인데. 지금 출근 중이라오."

---

* 총 인구 중 65세 이상의 인구비율이 20% 이상인 상황.

> "올해 어떻게 됐어요?"
> "네, 70 중반을 조금 넘겼습니다."
> "그래요, 좋을 때네. 나는 86살인데.
> 지금 출근 중이라오."

어디를 출근하는지는 모르지만, 밝고 건강해 보인다.
객실 안은 출근 시간을 이미 넘겼는데도 비좁다.

초고령화 사회가 다가서고 있다.
행안부 자료에 의하면, 2024년 6월 현재 65세 이상은 19.48%이며 2025년 예측은 20%를 상회할 것 같다고 한다.

단상斷想-셋

통계치

대부분의 지하철 전동차 한 칸의 좌석은 54석이다.

이 중에 교통약자석은 12석으로 전체의 〈22.22%〉이다.

그런데도 아침나절에 이용하는 전동차의 교통약자석*은 만석을 넘어 대기자들로 붐빈다.

---

* 교통약자석은 장애인, 노약자, 임산부, 유아 동반을 말하지만 출근길 아침나절의 지하철에서는 65세 이상 노약자의 이용이 절대적이다.

낙오자의 변명

얼마나 지났을까.

바로 내 앞자리 승객이 일어선다.

잠시 안도의 숨을 쉬는 동안, 조금 떨어져 있던 젊은 여성이 잽싸게 앉아버린다.

내가 너무 젊어 보였나.

아니면 '선착순'에 잘 훈련된 여군 출신인가.

머쓱해진 흰 머리카락, 오늘도 그의 아침 길은 뻐근하고 지루해지고 있다.

단상斷想-넷

기생충

기생충寄生蟲, Parasite.
기생충은 다른 동물의 몸에 기생하며 영양분을 빼앗아 생활하는 생명체이다.

만연한 기생충 감염으로 초등학교에서 정기적으로 구충제를 먹였던 옛 시절도 있다.

보건사회부 자료에 의하면 기생충 감염률은 차츰 감소되는 추세에 있다.

특히 토양매개성 기생충은 1960년대의 90%를 상회하던 감염률이 1990년대 후반 1% 미만으로 감소되었다.

하지만 어육류를 매개하는 기생충과 항암제·스테로이드계열 약물의 남용으로 면역결핍성 상태에 있을 경우 감염되기 쉬운 각종 포자충 감염 등은 국민보건에 새로운 문제점으로 대두될 전망이라고 한다.

단상斷想-넷

최고의 수상감

우리는 토양매개성 기생충 경우, 1% 미만의 감염율로 기생충을 박멸했다. 하지만 또 다른 기생충들에게 영양분을 뺏기며 사는 지금에 있다.

그들은 도떼기시장에서 매일 국민을 팔고 있다.

함박웃음을 짓고는 국민의 혈세에 태연하고 깊숙이 빨대를 꽂아 넣는다. 그냥도 아니고 "국민을 위한다며…", 오래된 녹음테이프까지 틀어놓는다.

이와 같은 기생충 감염률에 심한 무력감까지 동반한다는 우려까지 있다. 외부에서 내부로까지 날로 확산되는 이런 기생충들도 세계적인 수준에 들어가는 것은 아닐까?

그런 덕일까.

'기생충'으로 한국영화가 제92회 아카데미상에서 작품상, 감독상, 각본상, 국제영화상 4개 부분에서 수상하며 시상식 최다 수상작품이 되었다는 소식도 있었다.

단상斷想-다섯

낭만에 대하여

프랑스 파리의 어느 거리에서의 공연.
가수 이적이 부르는 '낭만에 대하여'를 듣고 있다.
유튜브에서 보이는 서양 사람들은 익숙한 리듬인지 몹시 흥겨워한다. 내가 듣기에도 경쾌하지만, 밤, 선창가 등 노래가사를 듣고 있노라면 쓸쓸하고 우울한 감정도 함께 실려 온다.

단상斷想-다섯

비, 술,
농담, 마담,
색소폰, 밤,
항구, 선창가, 바다, 뱃고동,
추억……

낭만浪漫.

한자어로 浪은 물결, 파도, 눈물 흘릴 '낭'이고, 漫은 질펀하다, 게으르다, 넘쳐흐를 '만'이다. 이 의미만으로는 낭만의 뜻을 파악하기에는 한계가 있어 보인다.

자료에 의하면, 마치 순수한 우리말 같기도 하지만, 고대 불어에서의 '로망roman'을 일본식으로 적은 한자말이다.

따라서 낭만은 단지 일본어의 浪漫ろうまん의 발음으로 '로망'과 비슷한 소리를 내는 말일 뿐이지 한자에 뜻이 있는 것은 아니라고 한다.

로망에 대하여

고대 불어인 로망roman은 '대중적인 말로 쓴 설화'라는 뜻의 속어였기에 '소설'이란 뜻도 있다고 한다.

이 말이 17세기 중엽에 영국으로 건너가서 오늘날과 같이 '기이하고 공상(환상)적인', '비현실적인', '정열적인', '서정적인', '감성적인' 뜻을 가진 말로 쓰이기 시작했다고 한다.

여러 자료[*]에 의하면 애초에 낭만과 로망은 같은 의미였다.
그러던 것이 우리 대중들의 (무)의식 속에서 로망roman은 분명 '동경 혹은 선망羨望의 대상, 꿈 또는 희망으로 자리 잡았다고 한다.

---

[*] 대중가요에 나타난 낭만성 연구(남운 : 한국교원대)

단상斷想-다섯

'로망'은 물질만능주의의 현실에서 인간의 욕망 또는 욕구 때문에 우리에게 스트레스를 줄 수 있는 물질적이고 실체적인 것들에 더 어울린다는 것이다.

실질적으로, '…는 내 로망이야.'
이 말의 '…'에 고급차, 별장, 연예인 등,
내가 가지고 싶은 것, 하고 싶은 것을 다 붙여도 자연스럽다.

낭만이란 단어와 어울리기에는
왠지 어색해지는 것을 자연스럽게 느낄 수 있다.

힐링코스

낭만은 노래하고 산책하며 사색을 즐기는 등, 예술·문화를 여유롭게 즐기려는 행동도 포함한다. 즉, '낭만'은 추상적이고 미묘한 감정으로 차분하게 때론 열정적으로 스트레스를 풀 수 있고 편안해지는 요소들로 구성된다고 본다. 따라서 생각, 회상만으로도 어느새 마음은 힐링이 되기도 한다.

최백호의 '낭만의 대하여'에서 나오는 '비, 술, 농담, 마담, 색소폰, 밤, 항구, 선창가, 바다, 뱃고동, 추억'과도 같은 단어들에서 낭만의 참모습을 보는 듯하다고 한다.

더구나 그 단어에는 학습했던, 경험했던, 연인의 그림자가 대부분 드리워져 있기에 낭만 하면 더 애틋하고 서정적인 맛이 극대화되는 것은 아닐까 싶다.

힘들고 짜증나는 시간에, 그 낭만의 시간 속에 잠시 머물러보십시오. 한 번쯤은 "첫사랑 그 소녀는 어디에서 나처럼 늙어가는지." 궁금하지도 않는지….

잡담-1

1.

언제나 그의 소식은 반갑다.

그는 죽마고우면서 군대 선임이기도 하다. 내가 훈련소에 들어가니 기다렸다는 듯이 달려왔다. 그러고는 배고프다며 돈 있으면 달라고 했다. 그땐 반가운 거보다 자기 배가 더 급했던 녀석이다.

월남전에서는 목에 파편이 박혔고 필리핀의 미군병원으로

잡담-1

*효녀가 하는 일이 있고,
소크라테스의 부인 같아도
하는 일이 있을진대….*

급히 후송 당했다.

 불행 중 다행으로 생명에 대한 미 군의관의 헌신적인 집념으로 한 달 정도 수혈을 받으며 치료한 끝에 살아났다.

 간간이 생각해보면, 국군병원이었다면 어떻게 되었을까. 아마도 일찌감치 저승에 가서 명당자리 하나는 족히 잡았을 거라는 생각이 든다.

 그곳에서도 피식 웃으며 나에게 노잣돈 가지고 온 거 있으면 내놓으라고 하고도 남을 녀석이다.

2.

연락이 또 왔다. 백설이 뒤덮인 한라산에서 백록담을 배경으로 찍은 사진과 함께.

속초를 떠나 부산으로 걸어가는 길이라며 중도에 몇 번 소식을 보낸 적도 있었다.

얼마 전에는 강화도 교동을 시작으로 목포를 향한다는 소식과 서산을 지나면서 풍경사진까지 보냈었다.

제대 후 정보 계통에 근무하면서 별 요상한 훈련까지 잘 받아서인지, 요즘도 다리 하나만은 사오십 대라며 자랑하는 친구다.

3.

그런 그가 몇 해 전에 안사람과 사별을 하더니 무척 쓸쓸해한다. 눈망울에 여실히 보이는 외로움으로 주름마다 깊게 그늘져 보인다. 주변 친우들이 이리저리 함께할 배우자를 소개 좀 해볼라치면 그의 주저함을 엿볼 수 있다. 딱히 이야기는 하지 않지만 장성한 자식들 눈치를 보는 것 같다.

그래도 효자, 효녀가 하는 일이 있고, 소크라테스의 부인 같아도 하는 일이 있을진대….

건강한 다리를 달고(?) 다니는 그 친구는, 딸아이가 사줬다는 브랜드 있는 신발로 남한 천지의 애꿎은 길에다 외로움을 묻히고 다닌다.

"비싸면 뭐 하냐. 온기도 없는 신발일 뿐인데…."

잡담-2

1.

화냥을 속되게 부르면 화냥년이다.

서방질하는 여자나 창녀를 일컫게 된 말이다. 자료에 의하면 중국에서는 기녀를 가리키는 말로 '화낭花娘'이 있다.

유사한 뜻으로 우리식 발음까지 비슷하다.

아프고 슬픈 역사 중에는 정유재란이나 병자호란 때 지금의 중국 측으로 잡혀갔다 돌아온 여인들을 가리키는 환향녀還鄕女도 있다.

2.

이 여인들이 조선으로 돌아왔을 때, 그녀들이 살았던 동네가 지금의 이태원이라는 말도 들었다.

더구나, 그런 치욕스런 일을 만들어준 것은 다름 아닌 정치인들인데도, 그들이 오랑캐들의 노리개 노릇을 하다 왔다고 하여 아무도 상대해주지 않았을뿐더러 결혼한 여성의 경우에는 이혼까지 당하기도 했다 한다.

일말의 양심은 있었는지, 인조는 이들을 구제하기 위해 환향녀란 이유로 이혼을 하지 못하도록 했다고 한다.

3.

환향, 이 단어 역시 화냥이나 화낭과 비슷한 발음이다.
오랑캐 침략이 가져다준 정치의 희생물이며 치욕 중의 치욕이다.

따지고 보면 고구려의 한 시절을 제외하면 역사 이래 늘 지금의 중국에게 당해왔음을 쉽게 알 수 있다.

이렇다 보니 다른 것은 아니지만 '중국을 믿지 말라'고 했다는 북한 김정일의 유언은 어떤 관점에서는 나와 동일하다.

4.

우리가 중국으로부터 어떻게 당했는지를 무겁게 살펴보는 것은 내 지식의 범위는 아니다.

다만 불법어로와 온갖 공해를 퍼날려 보내는 중국으로부터의 피해는 우리의 삶 속에 늘 있어왔고 계속 이어질 것이다.

먼먼 과거의 조상에서 지금의 우리까지 사사건건 그들의 만행에 시달려왔다.

그래도 환향녀還鄕女의 기억이 뚜렷한데도, 우리 주변에는 그런 그들을 숭배하는 사람들이 중국몽을 함께한다고도 한다.

그들의 딸들에게 물어보고 싶어진다.

위안부 문제와는 달리 환향녀는 '정치의 희생물'로 끝나야만 하는지….

잡담-3

1.

즐거움에 대해서 '즐거운 느낌이나 마음'이라고 어학사전에는 정의되어 있다.

나무위키에서는 기쁨은 물질적인 행복을 뜻하며 즐거움은 마음의 거슬림이 없이 흐뭇하고 행복한 느낌이나 마음, 그러니까 정신적인 충족에 의한 행복을 뜻한다고 한다.

2.

해외로 국내로 열심히 뛰어다녔다.
즐거움은커녕 마냥 지루하고 외롭고 힘들던 그 시절에 들었던 말이 있다.
"세상은 넓고 할 일은 많다."
한 시대를 정열적으로 경영했던 지금은 고인이 된 어느 최고 경영자 저서의 제목이기도 하다.

이 말의 의미 중에 하나는, '세상은 넓고 즐길 일들도 많다'는 뜻도 있다고 본다.
즐거움을 즐거운 느낌이나 마음이라 하니, 물질적인 측면보다는 자신의 정신적인 충족을 위한 측면에서 즐길 수 없다면 많은 일들을 할 수가 없기 때문이다.

3.

일반적으로 취미나 놀이에서 즐거움을 느낀다.

또한 미처 몰랐거나, 즐길 수 있는 여유가 없었을 뿐, 즐거움을 주는 것들은 우리 주변에 다양하게 존재하고 있다. 연애나 운동을 포함하여 어느 분야에서도 사람의 취향에 따라서 다양한 즐거움을 찾을 수 있다.

사이코패스인 경우에 그의 즐거움은 타인에게 고통을 준다.

이처럼 즐거움이라도 그것을 즐거워하는 부류와 그렇지 못한 부류는 어느 분야에나 있다.

이와 같은 천태만상의 즐거움들은 개인별 성격과 취향 그리고 형편에 따라서 선택되고 공유하게 된다.

서로의 동질감과 유대감을 가지게 된다.

4.

즐거움 중에는 정한 목표를 향하는 힘들고 험한 길에서 부딪치는 자신의 흔적들을 소중히 해야 한다.

마치 거친 숨소리를 함께하며 정상에 오르는 산악인들처럼.

밤을 새우며 수학문제가 드디어 풀렸을 때 느끼는 희열감처럼, '최상의 즐거움'은 편안한 상태에서 얻어지는 만족감보다는 어려운 상황들을 하나하나 해결해 나가면서 얻게 되는 정신적으로 긍정적인 성취감은 아닐는지.

'최상의 즐거움'은
어려운 상황들을 하나하나
해결해 나가면서 얻게 되는
정신적으로 긍정적인 성취감

잡담-4

1.

"병역의 의무"

대한민국 청년들에게는 교양과목이나 다름없다.

때로는, '끌려간다'와 '어쩔 수 없다'는 볼멘소리까지 한다.

그래도 정신과 육체까지 건강하다는 보증수표이며,

사회 초년생들에게는

F 학점이 용납되지 않는 이수 과목 중에 하나이다.

잡담-4

*새내기 청춘의 알량한 자존심,
아니면 배짱이라고 해야 할까.
힘들어도 복무기간이 6개월 정도 짧은
2년의 해병을 선택했다.*

새내기 청춘의 알량한 자존심,

아니면 배짱이라고 해야 할까.

내 인생임에도 나의 의지가 아닌 끌려간다는 굴욕(?)보다는 내 의지대로 하기로 했다.

당시 타 군들보다 많이 힘들어도 복무기간이 6개월 정도 짧은 2년의 해병을 선택했다.

2.

60년대, 예비군이 없던 그 당시에는 제대 후에도 정기적으로 인원 파악은 물론 재훈련을 받아야 하는 국가상비군으로 책임이 있었다.

24개월의 군 복무를 위한 보병훈련은 진해와 상남에서 3개월을 받았다.

당시는 월남전으로 목숨까지 담보해야 하는 이 결정은 입대를 하고 얼마 지나지 않아서 큰 변동을 맞이하게 되었다.

국가위기 상황으로 새로운 변화를 도입한 주민등록증 제도와 예비군 창설 그리고 휴전선 철책을 설치하게 했던 청와대습격사건인 1·21사태가 발생했다.

이러한 큰 상황 변화에 따른 명령으로 국가관이 남다른 해병들은 1년을 추가하여 3년의 군복무를 해야만 했다.

3.

건강한 남자는 병역의 의무를 피할 수 없다.
더군다나, 군인은 명령에 따라야 한다.

세상에는 이와 같이 피할 수 없는 일들이 수없이 많다.

이런 일에 부딪칠 때마다 어깨는 처지고 가슴은 콩닥거리며 때론 울화까지 치밀어 오른다.
잠까지 오지 않을 때도 있지만, 해결의 몫과 결과의 책임은 누구도 아닌 나 자신에게 있을 뿐이다.

세상에는 피할 수 없는 일들이 수없이 많다.

4.

심호흡을 한다.

명령에 의해서 계획보다 군복무를 1년을 더해서 잃은 것도 있겠지만, "피할 수 없는 군복무"에서 "피할 수 없는 훈련" 앞에서 "땀을 많이 흘리면 피를 적게 흘린다"는 말을 수없이 들었다.

그리고 외쳤던, 짧지만 긴 삶의 여정 속에 담아온 말 하나에서 헤쳐 나가야 할 길을 또 찾아보곤 한다. 때로는 의도적인 미소와 함께 다가가기도 한다.

"피할 수 없으면 즐겨라."

대한민국을 빈국貧國에서 탈출시키기 위해 일부분을 기여했다는 자부심이기도 하다.

3 꿈

반항의 몸부림 | DNA | 공상과학영화
문蚊 장군 | 전기傳記 | 일진日辰의 척도
행위예술가

반항의 몸부림

RESET

눈, 온 세상을 하얗게 만들어준다.
더러움이 덕지덕지 붙어있는
지구를 위한 천연 미백화장품이다.

물은 모든 것을 쓸어버린다.
더는 선별하기에 난해한 세상이다 보니 차별 없이 거두어 간다.

반항의 몸부림

눈. 온 세상을 하얗게 만들어준다.
더러움이 덕지덕지 붙어있는
지구를 위한 천연 미백화장품이다.

할퀴고 허물어진 대지 앞에서 새롭게 시작하라는 스킨로션이다.

불은 모든 것을 태워버리고 녹여버린다.
자연으로 환원하고자 하는 뜨거운 원초적인 욕망이다.

바람은 눈에게, 물에게 그리고 불에게도 주체할 수 없는 에너지를 언제라도 넣어줄 수 있는 괴력의 몸짓을 가지고 있다.

눈[雪],

물,

불,

그리고 바람

그들은 늘 조용하고 부드러워야 한다.

그러기에 늘 모든 신神에게 기원하지만, 오래전부터 그 염원은 통하지 않는 것 같다.

오히려 언제부터인지 태풍이 강하게 자주 있는 것을 보면.

신神과 통하는 길이 온갖 공해公害에 둘러싸여서
많은 소망所望들이 가다 말고 흐물흐물 녹아서
매몰차게 되돌아오기 때문은 아닌지 모르겠다.

반항의 몸짓

    낡은 게시판 하나가 큰 광고사진을 부착한 채, 비바람에 흔들리고 있다.

    조금씩 변색되어가는 사진 속에는, 텐트를 친 먼 뒤편으로 흰 눈이 쌓인 높고 낮은 산봉우리들이 보인다.

    그 아래 푸른 숲에는 조용한 바람 소리와 시원하게 흐르는 물소리가 들리는 듯 정겨운 풍경들이 감싸고 있다.

    그 품에 안긴 연인들은 한 모금의 커피를 마시며 함박웃음을 짓고 있다.

    '버킷 리스트에 추가하세요'라며 휴가지를 알리는 문구는 이미 찢어져 팔랑거리고 있다.

    올해 장마기간에는 TV에서 더욱더 난리 난리다.

    어디 산이 무너지고 어느 제방까지 터졌다는 거다.

    이래저래 무관심 속에서 그들의 반항은 오래전부터 시작되고 있었다.

DNA

피할 수 없는 유전이란다.

선친을 그대로 닮아서 대머리에 소갈머리까지 텅 빈 채, 날로 허전해지고 있다.

한 가닥의 머리털이라도 살리려는 노력은 나를 향한 사랑으로 절대적이다.

가발은 있지만, 난 이대로 DNA와 맞서보련다.

공상과학영화

역주행

질서를 위반한 결과는 다양하다.
현실적으로 그중에서도 역주행으로 도로 위에서 발생한 참사소식에 오금이 저린다.

지하철에서도 가야 할 목적지와 정반대 방향으로 가고 있을 때가 있다.
바쁘다며 허둥지둥 탄 것도 아니다.

그냥 생각 없이 앞선 사람을 쫓아 탔을 수도,

나름대로 익숙하다며 무의식적으로 발걸음에 이끌려 탔을 수도,

마치 도로 위의 역주행처럼 술기운에 방향감각을 잃어버렸을 수도 있다.

나로서는 역주행이 분명한데, 딱히 왜 그랬는지 나 자신도 아리송하다.

객실 풍경은 다 비슷비슷해서 바로 알아차린 경우도 별로 없다.

숨을 추스르며 서너 정거장을 지나서야 알아차릴 때가 많다.

공상과학영화

꿈은 이루어진다

때론 귀신에 홀렸는지, 삶의 역주행 열차를 탔다는 몽환적인 기분이 들 때도 있다.

영화 속 이야기인 양, 나도 모르게 과거로의 회귀열차를 탄 것은 아닐까.
꿈같은 현실로 혹, 4차원의 공간 속으로 들어간 것은 아닌가.

한 정거장마다 1년씩 과거로 되돌아간다면 벌써 몇 정거장을 지나쳤으니 몇 년은 뒤돌아갔겠다 싶다.
왠지 선택받은 사람처럼 잠시 흥분되고 우쭐해진다.

과거에 대한 미련일까.
젊어지고 싶은 욕망일까.

공상과학영화

"I'll be back."

영화 '터미네이터'에서 배우 '아놀드 슈왈츠제네거'의 말이 떠오른다.

이렇듯 과거와 미래가 공존하는 공상과학영화들을 봐서 잠시나마 주인공 기분에 취했던 것은 아닌가.

한편 공상과학영화나 공상과학만화의 이야기들은 시간이 문제일 뿐, 때가 되면 현실로 되어가는 것 같던데….

확인차, 그때까지 버텨보자.
꿈은 이루어진다는데…!

문蚊 장군

섬 모기[蚊]

   원산도에 간 적이 있었다.

   지금은 해저터널이 개통되었지만, 내가 갔던 시절에는 그 섬을 아는 사람들이 그리 많지 않았다.

   안면도 아래에 있는 섬으로 모래는 하얗고 부드러웠다.
   당시 말로는 규소와 석회 함량이 많아 유리공장에서 사용한다는데 확인할 수는 없었다.

문蚊 장군

*귀밑으로 접근하는
모기의 날아드는 소리는
2차 대전 당시에 공포의 대상이었다는
독일비행기의 급강하하는
소리에 버금갔다.*

텐트를 치고 자려는데, 모처럼 별식을 즐기려는지 모포까지 뚫고 들어오는 섬마을 터줏대감 모기들의 예리한 주둥이를 피할 재간은 없었다.

더구나 귀밑으로 접근하는 모기의 날아드는 소리는 2차 대전 당시에 공포의 대상이었다는 독일비행기의 급강하하는 소리에 버금갔다.

문蚊 장군

위험한 짐승들 사이에서 모기들은 끝없이 소리를 친다
모기들은 살기 위해 소리를 친다
어둠을 헤매며 더러는 맞아 죽고 더러는 피하면서

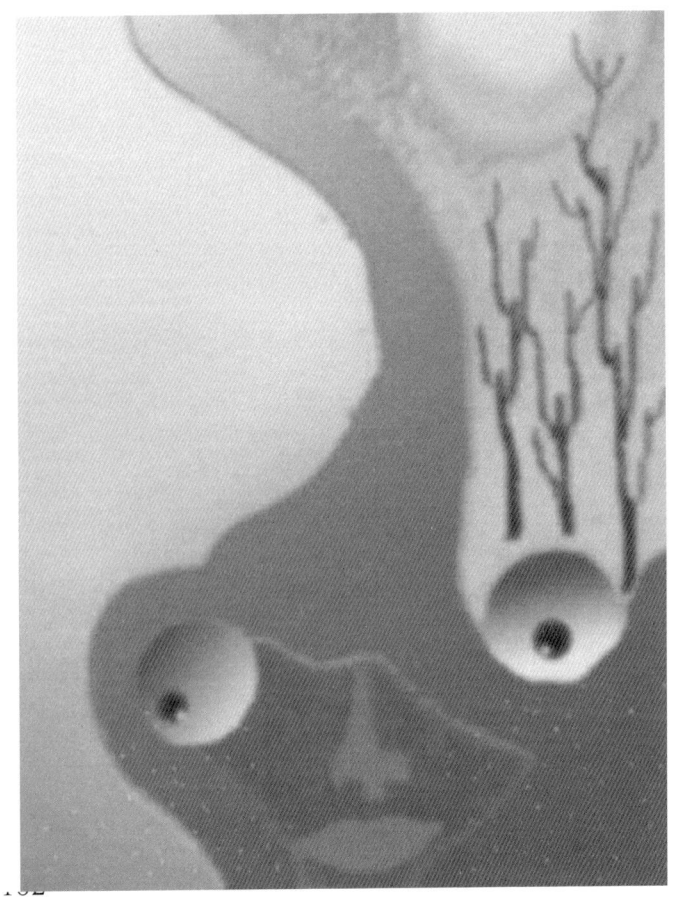

비문증

어느 날인가 '앵앵' 소리도 없이 모기가 눈으로 날아와 떠나지 않고 있다.

의사의 말로는 노화현상이며 저절로 없어질 때도 있다고 한다.

불편하겠지만 그러려니 하며 살아가는 것뿐이란다.

비문증飛蚊症은 머리카락 같은 실 또는 모기 같은 벌레가 눈에서 늘 날아다니는 것 같은 증상을 말한다.

'앵앵' 하는 소리로 자존감을 높이는 모기는 부정적인 이미지가 대부분이다.

그래도 김형영 시인은 작고 가벼운 몸으로 자기보다 몇백 배나 되는 몸에 붙어 살아가는 모기의 습성에서 강인하고 치열한

문蚊 장군

삶의 모습을 찾았다고 한다.

> 위험한 짐승들 사이에서
> 모기들은 끝없이 소리를 친다
> 모기들은 살기 위해 소리를 친다
> 어둠을 헤매며
> 더러는 맞아 죽고
> 더러는 피하면서

생각해 보면 때로는 문蚊 장군* 흉내까지 내면서 살았어도 결국은 작고 힘없는 모기였음을 알게 된 지금에 와서 엉뚱하게도 모기와 동거까지 하게 되었다.

다행인 것은, 기생寄生하는 주제에 최소한의 예의를 갖춘다는 건지, 소름 돋는 비행飛行 소리까지는 내지 않는다.

---

* 모기는 왜소한 몸에 비해 큰 소리를 내면서 접근하기 때문에, 못난 자가 잘난 체할 때에 비유로 쓰인다. 최제우가 지은 동학 가사 중에 등장하는 문蚊 장군將軍이 그 예이다(『한국문화상징사전 2』, 219쪽).

전기 傳記

 의지와 상관없이 태어났다.

 의지와 상관없이 족보에 오르는 영원한 이름표를 하나 얻어 달았다.

 의지와 상관없이 옷 한 벌 얻어 입고 미지의 초자연 속으로 돌아간다.

일진日辰의 척도

1.

오늘의 운세는 좋을까, 나쁠까.

길거리에서 새가 집어주는 새점도, 다방에서 자기 띠에 맞는 구멍에 동전을 넣고 누르면 돌돌 말아서 나오는 종이에 적힌 점괘도, 밤톨만 한 초콜릿사탕 안에 종이에 써넣은 점괘도 있었다.

예전에 택시기사들은 첫손님으로 여성이나 안경 낀 사람을 피했다.

첫 손님으로 이들을 태우면 그날은 재수가 없다는 이유였다. 들은 기억으로는 일반적으로 이들 모두 성격이 깐깐하다는 이유였던 것 같다.

군에서 운전병들은 개를 치면 재수가 없지만 닭은 치면 재수가 좋다고 했다.

그렇다 보니 때론 일부러 닭을 쫓아갈 때도 있었다.

개는 차에 치이는 일이 종종 있었지만 닭은 여간해서 차에 치이는 경우가 거의 없기 때문이었다.

역설적이랄까.

한마디로 정리하면, 군대생활에서는 좋은 일이 거의 없다는 것일 수도 있다.

2.

불안정할수록, 오늘 또 내일은 늘 궁금하기 마련이다.

전날 밤의 꿈에 의해서, 운전할 때 맞이하는 직진 신호등의 연속성 등, 자신의 습관이나 기호에 따라 하루를 예측해 보기도 한다.

재미라고는 해도, 마음에 들지 않은 결과에는 왠지 섭섭하고 찜찜해지는 것 또한 사실이다.

현장생활을 하던 시절, 출근을 하면 신문에 실린 '오늘의 운세'에 제일 먼저 눈길이 갔다. 매일매일 안전사고라는 강박관념에서 자연적으로 생긴 습관이었다.

3.

그런 살얼음판을 떠난 요즘은 바뀌기는 했어도, 하루를 점쳐보는 습관은 이어지고 있다.

'누구 앞에 서 있을까'

선택의 순간은 아침마다 지하철을 타면서 맞이한다.

앉아 있는 승객들을 이리저리 살피고 가장 먼저 내릴 것 같은 사람 앞에 서본다. 선착순이라며 재빨리 결정했지만, 만족한 결과는 5% 내외이다.

결국 내 운을 그들에게 맡겨서 될 일은 분명 아니라는 것은 알지만, 졸거나 핸드폰을 보는 그들의 모습을 습관적으로 살피고 있다. 사회생활, 인생살이에서 내 운이라고 나 혼자만으로 결정할 수 없다는 의미도 된다.

어쩌다 운 좋게 일찍 앉게 된 나. 하지만 내 앞에 선 사람은 일진이 아주 안 좋은 사람임에는 틀림없다.

난 종점까지 가기 때문이다.

행위예술가

1.

유의어로는 퍼포먼스performance가 있다. 사전적 의미는 '표현하고자 하는 관념이나 내용을 신체를 통해서 구체적으로 보여 주는 예술'이라고 한다.

길거리나 전시장에서의 행위예술들을 거의 다 이해하지 못한다. 나체로 표현하는 여인의 모습은 눈요기에만 충분할 뿐이다. 때론 너무 난해해서 작품 제목과 연관해서도 뭐가 뭔지를 알지 못한다. 설명을 해줘도 쉽게 이해되지 않는다.

2.

버스나 지하철을 타면 늘 쉽게 보는 퍼포먼스가 있다.

막 조금 전에, 아니면 최소한 수일 전에는 가임可姙의 행위가 분명히 있었음을 태연하고 자랑스럽게 표현하고 있다.

가임의 추억을 되새김질하는지,
아니면 아련한 가임의 시절을 갈구하는 듯 애잔하고 깊게 주름진 한물간 표현도 있으며,
고귀한 생산현상을 숭배하고 존경하는 척,
다양한 남성들의 능청스런 표현까지 짓고 있다.

때론, 알면서도 모르는 척하는
이방인들의 천연덕스럽고 건방져 보이는 자세도 있다.

3.

지하철 임산부를 위한 배려석에서 저마다의 행위예술은 세대에 차이 없이 펼쳐지고 있다.

그중에도 최고로 난해한 작품은
젊은 20대 청년의 표현력이다.

아마도, 이 청년은 천재 예술가들의 이해하기 어려운 광기狂氣일 듯도 싶다.

4 나목

남십자성의 슬픈 미소 | 낡은 시곗바늘
가을나비의 일탈逸脫 | 겨울 길목에서
노을빛 산들바람 | 나목裸木의 훈기 | 태양의 꽃

남십자성의 슬픈 미소

무성영화의 환생

싱그럽고 맑은 하늘은 그때 그대로였습니다.

유유하게 흐르는 풍요로운 구름, 그 속에는 전투를 막 끝낸 낡은 얼룩무늬 철모도 벗지 못한 채, 전우애로 물든 좌절, 아픔, 절규, 그리고 아름다운 꿈을 간직한 젊은 시절의 그 시간들이 펼쳐지고 있었습니다.

남십자성의 슬픈 미소

전투를 막 끝낸
낡은 얼룩무늬 철모도 벗지 못한 채,
전우애로 물든 좌절, 아픔, 절규,
그리고 아름다운 꿈을 간직한
젊은 시절의 그 시간들

붉게 상기된 얼굴 위에서 반짝이던 십자성.

그 별빛 아래 드리워진 생사의 경계선을 넘나들며 역동의 새 조국을 위해 혈기가 넘치던 해병들의 영상이었습니다.

때론 달빛 아래 숨죽인 검은 야자수에 기대어,

두려운 천명天命 앞에 눈시울을 적시던 십대 동기의 모습도 아른거렸습니다.

그러나 지금 그들의 웃음소리, 발걸음 소리는 어느 곳에서도 들리지 않고 있습니다.

남십자성의 슬픈 미소

별빛의 침묵

혹독한 역사의 소용돌이 속에서도 무심하게 빛나던 십자성.

그 별빛그늘에 가려진 오십여 명의 해병들은
'1967년 10월'*이라는 인연의 끈을 꼭 붙잡고
이국땅을 배회하고 있었습니다.

함께하는 수많은 영령*들과 남십자성의 별빛을 숙명의 슬픈

---

* 해병 194기
* 인명 손실 중 육군의 전사자 및 사망자 3,859명으로 손실률은 1.2% 정도인데 반해 해병대는 손실이 1,240명으로 3.4%에 달한다. 청룡부대의 병력손실률은 맹호, 백마 사단이나 미군보다도 높았다. 해병대의 참전 인원은 전체 참전 인원의 10분 1에 해당하지만 전사자 수는 전체의 약 26%에 해당된다. 해병대는 중부지역으로 작전지역을 이동하며 작전 빈도가 잦았기 때문으로 연유된다.(오홍국, 「베트남전쟁 시 다국적군으로서 한국군의 역할 및 향후 과제」, 《군사연구》, vol.130)

남십자성의 슬픈 미소

미소인 듯 영혼에 담아 긴 세월을 이어오고 있었습니다.

옛 전적지를 방문하고 전사자를 위한 제祭를 올리면서, 자유민주주의였던 어느 한 국가를 기억해 보았습니다.

푸르고 맑은 하늘 아래에 뿌려진 젊은 피의 보람도 없이 사라져버린 나라, 월남.

그렇게도 허망하게 패망했어야만 했던 그들의 원인들을 늘 상기하고 싶었습니다.
그리고 요즘, 내 주변에서 일어나는 일들을 조심스럽게 둘러보게 되었습니다.
월남이라는 나라를 기억하면서 ….

낡은 시곗바늘

꽃내음

운동했던 뒤끝에 거리를 활보했었다.
바다 건너, 먼 전쟁터까지도 뛰어다녔다.
그렇게 서로의 체온을 비비고 부딪치며 사는 데 더 익숙했던 남자가 있었다.

그가 어느 날부터인가. 애지중지 감싸고 물 주고, 가시에 찔리면서도 아픈 꽃을 어루만지기 시작했다.

그 성질머리에 밤까지 새우기를 몇 해였던지,
검어진 얼굴에 주름살까지 하나둘 깊게 패더니
작은 꽃망울에서 소담스런 열매를 수확하기 시작했다.

신의 창조물 중에서 최고의 작품인 꽃을 가다듬더니, 자신의 인생에서도 꽃을 피우고 있었다.

꽃향기 때문일까.

지금은 탄력 있고 부드러운 피부에서 보이는 여유로움이 꽤나 자연스럽다.

낡은 시곗바늘

그로부터 연락이 왔다.

꽃병이 있어 아름답고 향기가 머물던 식탁 위에는,
약병과 약봉지만 쌓여가고 있다는
어디서 들어봤던 말을 똑같이 해댔다.
덧붙여, 현실이 어쨌다며 쉬내 나는 푸념을 한참 동안 쏟아 냈다.

나 또한 들은 말이 있어, 막역한 사이에 한마디 했다.
"그 돈, 다 네 돈 아니다."

그래서일까.
며칠 후엔 느닷없이 돼지 한 마리를 잡을 거란다.

*꽃병이 있어 아름답고
향기가 머물던 식탁 위에는,
약병과 약봉지만 쌓여가고 있다는
어디서 들어봤던 말*

택배와 계좌 송금까지 있는 편한 이 세상에, 굳이 와서 자기와 같이 먹자고 한다.

갈 때는 앞다리살과 목살 좀 듬뿍 싸가지고 가래나 뭐래나. 선심까지 쓴다.

꽃향기도 아닌 피비린내 나는 생고기를 걸어놓고 추파를 던진다.

마치 초가집 앞마당에서 긴 장죽을 물고 헛기침하던 옛 촌부 행세로 능청을 떨고 있다.

살내음

전화가 또 온다.

여름이 가기 전에 며칠 와서 푹 쉬었다 갔으면 한다.
앞 냇가에는 몸에 좋은 다슬기까지 많아졌다는 낡은 유혹으로 내 발걸음을 또 재촉했다.

식탁 위에 꽃향기가 없어질수록,
눅눅해지는 주변 공기에 지쳐가는 자신을.

K-POP이니 K-문화니 하며 바쁘게 돌아가는 세상 뒤에서,
무거워지는 외로움과 살가운 살내음에 굶주려왔던 자신을.

언제부터인가, 그는 느껴오고 있었다.

낡은 시곗바늘

앞개울 냇물 소리가 유난히도 크게 들리는 오후.

……

……

……

주변을 서성이던 그가 핸드폰을 또 주섬주섬 찾아든다.

식탁 위에 꽃향기가 없어질수록,
눅눅해지는 주변 공기에
지쳐가는 자신

가을나비의 일탈逸脫

꽃

어느 시인은 말했다.

    내려갈 때 보았네
    올라갈 때 보지 못한
    그 꽃

향기를 머금은 꽃.

꽃은 '아름다움, 번영·풍요, 존경과 기원의 표시, 사랑, 미인·여인, 재생再生·영생永生'을 상징한다고 한다.

보는 관점에서 다를 수는 있겠지만
꽃의 가장 일반적인 상징은 '아름다움'이며
동서양 모두 미인을 꽃에 비유해 오고 있다.

이는 꽃처럼 아름다운 미모와
종족을 유지하는 씨앗을 만든다는 점에서
예로부터 보편적으로 내려온 관례였다고 한다.

내려갈 때 본 꽃

'올라갈 때 보지 못한 그 꽃'

불타는 출세의 욕망과 먹고살아야 하는 현실 앞에서 안 보인 것이 어디 꽃뿐이겠냐 싶다.

그래도 그렇게 보낸 세월이 넌지시 건네는 위로선물인지.
이런저런 꽃들이 뒤늦게 와서 조금씩 보이기 시작한다.
애써 무시하며 묻어버렸던 봄빛 감성들도 슬며시 주름진 눈가에 어른거린다.

내려갈 때 본 꽃에서 잊혔던 달콤한 꿀을 찾던 촉감에 설렌다.

하늘거리는 꽃잎들을 살며시 펼쳐보고픈 손길은 어느새 지성知性과의 눈치싸움에도 익숙해져간다.

가을나비의 일탈逸脫

*불타는 출세의 욕망과
먹고살아야 하는 현실 앞에서
안 보인 것이 어디 꽃뿐이겠냐*

욕망의 체취에 이끌린 숨바꼭질은 평범한 일상처럼 자연스러워지기 시작한다.

때론, 일탈의 즐거움 끝에 은둔隱遁을 도피처로 삼아 남은 삶을 수습하는 유명인도 있다.
안타깝지만 세상을 하직하는 정치인과 예술인도 있다.

오를 때 보지 못한 그 꽃을….

가을나비의 비상

여성들은 꽃을 보고 아름다움을 느끼면 나이 들었다고 한다.
남성들은 아름다움을 느끼면 건강하다는 말도 있다.

고려의 문호 이규보奎報는 "아름다운 꽃을 보게 되면 너무 좋아 몽롱해지네."라고 노래를 했다고 한다.
이처럼 아름다움에 심취하는 남성들은 건강만큼은 자신 있다는 의미일 듯싶다.

생기 넘치는 꽃들로 아름다운 거리.
저녁노을을 품어 검은 실루엣으로 투영되어 비치는 꽃은 더 매혹적이며 살포시 은은하게 스며든다.

가슴 저 밑바닥에 나뒹굴던 작은 불씨 하나가 빼꼼히 고개를 든다.

*넓은 창공을 올려다보며,
씩 웃음을 지어 보인다.
그래 "비상飛翔이다."*

텅 빈 하늘을 촉촉한 꽃향기로 담고 싶은 가을나비는 몽실몽실한 감성으로 어우러진 날갯짓을 조금씩 꿈틀거린다.

간만에 까치까지 울어대니, 이번에는 왠지 예감이 좋다. 낙엽 지는 거리에서 상처 난 깃털들을 조심스레 가다듬는다.

다시 한번 기지개를 쭉 켠다.

넓은 창공을 올려다보며, 씩 웃음을 지어 보인다.

그래 "비상飛翔이다."

겨울 길목에서

기다림의 계절

어느 날이었다.

찬 바람에 밀려 담 구석에 쌓여가는 낙엽더미와
멀리 있는 봄 사이의 지루하고 긴 공간을 채워줄
어떤 이야기들이 필요했다.

춥고 우울한 긴 기다림.

그 적막한 시간 속에 생기를 넣는 간절함으로 삭막한 주변을 두리번거렸다.

"그렇구나."

봄을 잉태하는 숨은 숨결들이
겨울바람에 조금씩 녹아들고 있었다.

차가운 흙더미 속에서 꽃봉오리를 안아 키우는
작은 맥박 소리도 들렸다.

회색빛 하늘의 축복.
하얀 눈꽃들은 촉촉하게
그들의 목마른 갈증을 축여주고 있었다.

겨울의 손길

움츠린 채, 숨어있는 그들의 작은 속삭임에
나만 귀를 기울이지 않고 있었을 뿐.
겨울은 늘 그 자리에 살아있었다.
새로 맞이할 봄의 손결을 보듬고 있었다.

어둡고 차갑게 다져진 흙 속에서
파란 새싹들이 뾰족하게 머리를 내밀면
참았던 깊고 긴 숨을 토하며
싱그러운 기쁨에 한없이 취할 수 있었다.

이후부터,
낙엽 지고 찬 바람 불면,
헐벗은 꽃밭을 일구어 몇 종류의 구근球根을 심어오고 있다.

겨울 길목에서

겨울은 늘 그 자리에
살아있었다.
새로 맞이할 봄의 손결을 보듬고

꼭, 꽃만을 보고 싶은 것은 아니다.

보이지도 소리도 없는 겨울 이야기,
그리고 고통과 인내 끝에 느낄 수 있는
작은 생명의 감춰진 희열이 있기 때문이다.

노을빛 산들바람

고목古木에 피는 꽃

금번 겨울은 유난히 추울 거라는 기상예보다.

그의 온실에서는 다가올 봄 시장을 풍성하게 채울 화분들이 새록새록 몸매를 다듬고 있다.

주름진 얼굴로 미리미리 내일과 내년을 가꾸며 세월을 앞서 가는 삶을, 그는 천직이라며 즐기고 있다.

그중에서도 그의 발걸음은 각종 분재들의 겨울나기 준비에 바쁘다.

고목古木의 분재들은 거친 듯 능숙한 그의 손길에 앙증맞은 꽃망울을 늘 잉태하곤 한다.

산들거리는 봄바람을 맞이하며 수북이 피어나는 영산홍이나 왜철쭉 꽃들은 화려하고 탐스럽다.

해가 갈수록 송이송이 꽃송이마다, 고목古木의 애잔한 숨결 그리고 삶의 갈망과 애착들이 더욱더 짙게 곁들어져만 가고 있다.

그래서일까.

하나하나 잉태된 꽃망울들은 무엇보다도 고귀하고 고상해 보인다.

노을빛 산들바람

*"나무가 늙었다고,
늙은 꽃을 피우는 것은
아닙니다."*

잔잔한 파문波紋의 여정餘情

며칠 전이다.

동네 사람에게서 들은 이야기인데, 늙수그레한 몸으로 온실에서 나와서도 그는 또 꽃들을 찾아 점점 길어지는 밤길을 헤집고 다닌다고 한다.

'어떤 꽃들일까?'

'점점 추워지는 이 계절에 무슨 꽃을 더 피우려 할까?'

아무리 궁금하다고 해도, 그 친구에게 술대접을 얼마나 잘 받았는지, 말없이 실실 웃기만 하는 그들이다.

궁금증은 이어지는데, 한 친구로부터 사진 한 장이 '카톡'으로 들어왔다.

〈고목古木에 연산홍 꽃들이 풍성하게 핀 분재 사진〉을 배경으로 다음과 같은 글이 쓰여 있다.

"나무가 늙었다고, 늙은 꽃이 피는 것은 아닙니다."
"나무가 늙었다고, 늙은 꽃을 피우는 것은 아닙니다."
…
…
…

언제부터였을까? 고목古木의 잔가지마다 스며들던 부활의 향기는 서서히 퍼져나가고 있었다.

이미 느끼고 있었건만, 붙잡지 못하는 시간 앞에서 태연하게 먼 하늘을 쳐다보고만 오던 나.

지금, 그 눈망울엔 무엇이 담겨 있을는지!

나목裸木의 훈기

겨울 어느 날
깊은 소파에 앉아 따듯한 커피 한 모금을 넘겨봅니다

차분한 음악 속에
상큼한 향기와 담백한 내음으로 점점 깊어져가는 오후
하늘은 온통 무거운 잿빛입니다

차 한잔에 희미하게 남아 끈적이던 감성은
깊숙이 숨어버렸던 작은 즐거움으로

나목裸木의 훈기

*메말라 거칠어진 나목에는
온기의 숨결이 묻어난 작은 눈망울들이
여기 저기 초롱초롱 모여 있습니다*

하얀 눈발에 어우러진 창밖의 나목을 바라봅니다

메말라 거칠어진 나목에는

온기의 숨결이 묻어난 작은 눈망울들이

여기에도 저기에도 초롱초롱 모여 있습니다

불현듯

기다려지는 봄

그 봄을 준비하면서….

태양의 꽃

해바라기

우리 민속에는 해바라기가 담장 넘어 밖을 보면 그 집 여자가 바람난다고 했다.
장대처럼 큰 키, 그 끝에 노란 해바라기 꽃은 한여름을 상징한다.

콜럼버스가 아메리카대륙을 발견한 이후에 유럽으로 퍼졌던 해바라기는 '태양의 꽃', '황금꽃'이라 불렸다.

태양의 꽃

*한여름 정열적이고
무섭도록 강렬한 태양과
초연하게 맞서는 당당한 자태*

페루의 국화國華이기도 하며 고대 잉카 유적을 통해서, 생명의 근원적인 힘과 불멸의 빛인 태양의 상징성을 알 수 있다고 한다.

세속에서는 재물[富]을 부른다 하여 고흐의 '해바라기' 그림과 사진작가들의 작품들은 이미 상품으로 나와 개업집이나 집들이 선물용으로 애용되고 있다.

당당함

나는 은근히 해바라기를 좋아한다.

넝쿨로 자라는 콩알만 한 자태부터
맘모스라는 이름으로 큰 쟁반만 한
얼굴을 뽐내는 종류도 있다.
특이하게도 초콜릿색을 가진 해바라기도 있다.

다양한 종류처럼 해바라기에 대한 관점은
각각의 시각에서 같을 수도 다를 수도 있다.

'해바라기성 인물'이라며,
권력과 부귀에 대한 맹목적인 탐욕으로
항상 권력자에게 붙좇아 출세에 급급한 사람을 의미한다.

한편, 고전문학에서는 향일화向日花라고도 하며,
해는 임금을 의미하므로 충신에 비유된다는 학자도 있다.

해바라기.
'바라기'는 한쪽만을 바라보도록
목이 굳은 것을 의미하다 보니
임을 향한 마음에 비유하기도 한다.

상대의 선처에 목을 매는 양상이다.

하지만, 한여름 정열적이고 무섭도록 강렬한 태양과
초연하게 맞서는 당당한 자태는 내가 찾은 매력이다.

5 벙어리 낙타의 흔적들

낮에도 뜨는 별 | 처녀 불알, 찾았나요
리허설 없는 거리 | 붉은 환청의 숲
삶의 여울목에서 | 불꽃 영혼 | 왕견王犬을 찾습니다

낮에도 뜨는 별

별들의 탄생

제주도 신화 천지왕 본풀이에서 세상의 맨 처음은 암흑과 혼돈이었다.

혼돈에서 차차 개벽의 기운이 감돌아 별은 옥황상제가 보낸 해와 달보다 먼저 존재하는 우주의 광명으로써 빛을 표상한다(한국문화 상징사전 1).

이때 동쪽에서 태어난 직녀성과 서쪽에서 태어난 견우성은 일 년에 한 번 칠석날에만 오작교에서 만나는 숙명의 별이다. 칠석

날 저녁에 내리는 비는 기쁨의 눈물, 이튿날 새벽에 내리는 비는 슬픔의 눈물이라고 한다.

창밖에 빗방울이 흩뿌린다
몸살처럼…
온몸을 구석구석을 돌아
천지를 적시는
그 방울들은 모두 동그랗다

둥근 것은 부드럽다던가!
아니다
예리한 칼자루로 난도질하듯
빗방울은 그렇게 가슴에
퍼런 눈물자국을 그린다

어린 날
안겨들던 어미 가슴이

둥그렇고
덜 자란 내 잔등에서 잠들었던
아우의 말린 등허리도
동그라미를 그렸었다

쉽게 그치지 않을
빗방울이 이제는 돌아봐도
보이지 않을 그들의 희미한 모습을
왜 이리도 많이 유리창에
뿌려대는 것일까

아무도 보는 이 없는
무심한 이 밤에

-「둥근 것도 아프더이다」

낮에 뜨는 별

별들이 떴다.
도심에서 쉽게 보기 힘든 별들, 그것도 버젓이 눈앞에 내려와 앉았다.

"저 형님은 별이 셋이고, 이 형님은 별이 둘입니다.
아쉽게도 저는 하나뿐입니다."

묵직하고 낮은 목소리로 잠자는 사람을 깨우며 자신들을 소개한다. 합이 여섯 개나 되는 별들이 노르스름 찌든 팬티만 걸친 사람에게 위압적인 눈초리로 상견례를 하자며 친히 먼 길을 찾아내려온 것이다.
한낮에도 잘 보이는 별들이니 밤에는 오죽하랴. 역마살 인생살이, 타향살이에서 맞이한 험상궂은 별들은 너무도 당당했다.

낮에도 뜨는 별

    그런 별들과 대수롭지 않게 지내고자 한다면, 아주 멀리하든가 아니면 바싹 가까이 놓아야 한다. 그도 저도 아닌 어정쩡한 사정권 내에 있던 그 사나이는 결국 무릎 꿇고 처분만 기다리는 신세로 추락했다.

    주변 밀도가 어지러울수록 험상궂은 별들은 대낮에도 번쩍거린다.

    별들의 탄생을 명확하게 밝히지 못한 과학자들을 비웃듯, 술에 절여진 별들이 거리를 활보하고 인터넷이나 게임기에서 튀쳐나온 설익은 별똥별들도 학교 운동장 이곳저곳에 내려와 있다.

    때론 몇 개 별똥별들의 푸른 비수ヒ首에 풋풋한 영혼들이 부모 곁을 떠나지 못하고 있다.

    단테는 '지옥은 별이 없는 암흑의 장소'라고 했다. 그는 단테의 말처럼, 과연 지옥을 벗어나 있는 건지. 몹시 난해하여 종잡을 수 없었다.

환상의 나래

매혹적인 별들의 고향.

약 천억 개의 항성으로 구성되어 있다는 은하계 중에서 스스로 빛나는 항성을 천문학에서는 별이라 한다.

반짝거리는 이유는 지구 대기의 밀도가 고르지 않아서 생기는 틀어진 굴절률 때문이다.

혼자 빛을 낸다고 해도 주변 대기의 여건이 좀 혼란스럽고 불안정해야만 빛나는 별들을, 오히려 더 잘 볼 수 있으며 이런 별들은 약 이천 개 정도라고 한다.

역설적이기는 하지만 우리의 시야에 너무 가까이 있다거나 또는 너무 멀리 있다면 전혀 반짝거릴 수 없다.

낮에도 뜨는 별

　눈에 보이는 별은 그래서 더 고귀하고 누구나 그곳을 향한 욕망에 시달리게 된다.
　어두울수록 밝은 빛으로 손짓하는 별은 모든 이의 희망이고 목표다.

　저마다의 별이 하나씩 있다며 바라본 별무리, 예나 지금이나 꿈과 환상의 나라이기도 하다.

　그런 꿈은 희망과 용기를 주지만 동화 같은 환상은 신기루와 같아 파멸의 깊은 수렁을 감춰놓은 늪이기도 하다.

꿈

별에 관한 꿈은 하늘이 위대한 인물을 점지해 둘 때에 꾸게 됨을 시사해 오고 있다.

별의 이동에 따라 국가나 큰 인물의 운명을 판단하기도 했던….

별은 희망, 순수, 지조 그리고 도달하고 싶은 이상을 상징하고 있다.

어린 시절 꿈을 키우던 맑은 별들은 혼탁한 도심의 하늘을 떠났다.

별 하나, 별 둘. 평상에 누워 하나하나 헤아리다 잠들던 여름밤의 별들이 동심에서 점점 멀어진다. 우주인이 탄생하고 한정된 삶의 테두리를 벗어나야 하는 몸부림으로 동화 속의 신비한 나라는 점점 거친 알몸을 드러내고 있다.

공해에 찌들어가는 지금은 위대함과 야릇한 부의 상징으로 인성과 지성에 관계없이 요란하게 빛을 내고 있다.

  TV화면에서도 각종 경연대회를 통해서 창조주의 심판인 듯, 찬란한 별을 좇는 사람들을 이리저리 울리고 웃긴다.

  그래도 꿈은 멈추지 않는다.

  자신의 별을 따기 위해 저 넓은 허공을 향해 꿈의 로켓을 열심히 쏘아 올린다. 하지만 선망하는 별은 쉬운 길에서 빛나지 않는다. 환한 곳에서도 결코 반짝거릴 수 없음을. 훌훌 벗어버려 낱낱이 비친 알몸을 보듯 이미 우리는 잘 알고 있다. 그런데도 별을 따기 위해 가슴속에 감춘 저마다의 안쓰러움으로 태연한 척, 위대한 척하고 있다.

  무릎을 꿇는 비참함보다 속이 아픈 별이 더 좋기에, 그 별을 찾는 긴 행렬은 할머니 무릎에 누워서 별을 헤아리던 그 시절부터 지금까지 이어졌다.

  혼탁한 하늘 아래, 낮에도 뜰 수 있는 별이기를 바라며…….

시골의 별은 가볍다
너무 가벼워 모두 다 하늘에 떠있다.

도심의 별을 무겁다.
너무 무거워 나뭇가지로, 강물로
모두 다 내려와 앉았다.
그렇다고 쉽게 손에 잡히지도 않는다.

어두우면 어두울수록
휘청거리는 사람들만
현란하게 반짝이는 물결에 시달린다.

어쩌다 스치는 작은 별똥별
하나
너무도 멀리멀리 사라져버린다.

-「별똥별」

처녀 불알, 찾았나요

바퀴벌레

방학이 끝날 즈음이었다.

할머니에게 작별인사를 하러 방으로 들어가면 고쟁이를 들춰 넌지시 손자에게 쥐여주던 지전 몇 푼에서 메주냄새가 훈훈하였다.

머리에 흰 수건을 둘러쓴 어머니는 집 나서는 자식의 소매를 슬며시 잡아끌고 뒤뜰로 가셨다.

혹여 아버지나 동생들이 볼세라 주변을 휙 한 번 둘러보시고 뒷손질로 은밀하게 건네던 돈은 정겨웠다.

학창 시절 고향집을 나설 때 느껴본 포근한 정감이다.
그렇게 은은한 정이 오가던 손길들이 음흉한 손길에 빛을 잃은 지 아주 오래다.

"뇌물, 참 좋은데. 어떻게 표현할 방법이 없네!"

이런 돈을 태양빛을 기피하는 바퀴벌레라고 말한 사람이 있다.
빛만 비치면 응달로 숨어버리는 습성의 검은 돈,
이 표현이야말로 아주 '딱'이다, '딱'.

병목현상

돈밖에 모르는 사람을 비난하는 속담,
돈보다 사람이 중하다며
'사람 나고 돈 났지 돈 나고 사람 났나?'고 한다.

아주 먼먼 옛날, 조개껍질이나 동물 이빨 등이 화폐로 통용된 세월에는 돈보다 사람이 우선이었던 것은 분명하다.

'돈은 돌고 돈다'고 하지만, '돈이면 처녀 불알도 산다'는 집착에 꽉 막힌 사람들로 인해 뻥 뚫려 잘 돌아가는 길을 본 기억은 별로 없다.

교통정리 한답시고 검은 옷에 나무망치 들고, 한쪽에선 색색의 안경까지 쓰고 있다. 건너편에는 포승줄까지 감춘 채 복잡한 길 곳곳에 서있는 사람들도 보인다.

오히려 그들이 만들어 놓은 몇 군데 바퀴벌레용 일방통행 길을 제외하고 남은 병목현상, 그 정체는 더 심각한 것이 아닌지.

돈벌레 연가

돈벌레가 보이면 돈이 생긴다던 할머니.

신기하게도 돈벌레를 본 날은
민화투를 쳐서 몇 푼을 꼭 따오셨다.
그 덕에 달짝지근한 왕사탕 몇 알이
어린 그의 입에 물려 있곤 했다.

그 후 눈썹 위로 서리가 내리는 지금까지
은근히 기다려지는 돈벌레다.
꿈에 보는 똥 덩어리나 돼지보다는
눈앞에 보이는 현물의 상징에 더 짜릿해한다.

주거환경이 좋아진 요즘은

그나마 돈벌레를 볼 기회마저 빼앗겨 버렸다.
어쩌다 보는 날은 하루 종일
알 수 없는 기대로 혈색마저 좋아진다.

한동안 보이지 않을 때면
집 안 구석구석 구애의 눈빛을 보내보지만, 헛수고가 많다.

때론 반갑게 찾은 녀석이
변기 안에 빠져서 안간힘을 쓰고 있을 때면
허우적거리는 그 녀석보다
보는 사람의 호흡이 더 가빠진다.

가벼운 전율에 흥분까지 한다.

사과박스

공돈인데 구린 냄새가 나면 어떻고 더러우면 어떠랴!

　대기업마다 신제품이라고 나날이 좋아지는 드럼세탁기가 있으니 별 문제는 없지 싶다.
　사과나 굴비박스를, 하다못해 음료수박스까지 애용하는 사람들이 있는 판에 그 사람도 풀풀 썩어 냄새가 진동하더라도 그런 돈 좀 받아 보았으면 싶다.
　그것도 나무널판으로 만들어 쌀겨 넣은 묵직한 옛 사과박스였으면 하는 눈치다.

　옛것에 대한 애착이나 향수, 그리고 사람 마음을 가장 편하게 하는 것 중에 하나가 나무결이라는 것은 알았기에 이왕 받을 거면 편하게 받고 싶은 것이 그의 소망이려니 했다.

처녀 불알, 찾았나요

느지막한 귀갓길,
회심 찬 얼굴로 주머니를 뒤적인다.

"아가씨, 로또 한 장. 자동으로요……!"

헌데, 단순하다.

오만 원짜리 큰 지폐도 나온 마당에 그 어느 박스보다도 훨씬 더 크다는 이유가 전부다.

혹 불미스러운 일이라도 생기면 친구 사이에 사식이라도 넣어줘야지 하던 내가 오히려 머쓱해졌다.

주기만 하면 주저 없이 덥석 받을 준비는 진작부터 되었는데, 나무망치나 색안경은커녕 받을 만한 위치에 어울리는 이력서마저도 없는 그다.

벙어리 낙타의 흔적들 163

간절히 원하면 얻는다고, 이제는 변기통 안에서도 거의 볼 수 없는 돈벌레를 부쩍 더 그리워한다.

바퀴벌레이건, 돈벌레이건 듬직한 녀석 하나를 조만간 보기는 볼 것 같은 예감에 사로잡혀 있다.

특히 토요일이면 증세가 더욱 심해진다.

느지막한 귀갓길, 회심 찬 얼굴로 주머니를 뒤적인다.

천 원짜리와 동전 몇 개를 부지런히 끄집어 버스정류장 곁 구멍가게로 부지런히 다가선다.

"아가씨, 로또 한 장. 자동으로요……!"

리허설 없는 거리

정자 안의 분위기가 온화하다.
하품하는 어린 손자의 무료함을 토닥이는 노인의 얼굴에서 잔잔한 미소가 흐르고, 북한산의 노을은 어둑한 하늘에 잠겨 들고 있다.

    태곳적 큰 바위
    장엄한 하늘 아래
    긴 세월의 주름
    넓은 등판에 새기었다.

리허설 없는 거리

　　　　　　　　　　바위를 비집고 선
　　　　　　　　　　늙은 소나무
　　　　　　　　　　발밑으로 찾아들면
　　　　　　　　　　생명의 기지개 소리
　　　　　　　　　　천지에 퍼진다.

탄식의 한숨에 씻겨
깊은 주름 이어간다.

그 바위 틈
구부러진 늙은 소나무
발밑을 굽어본다.

희미하게 보이던
삶의 촛불
삼정을 오르고

기쁘게 몰아쉬는
한줌의 숨
허무라 말 못 한다.

이마에 맺은 굵은 땀방울
돌 틈에 숨어든다.

그 자리
졸졸 흐르는 물소리
바위를 비집고 선
늙은 소나무
발밑으로 잦아들면
생명의 기지개 소리
천지에 퍼진다.

-「북한산」

무심無心

소원했던 친구의 연락이다.
가방끈이 짧다는 서글픔에 남보다 힘든 시간을 풀어 써야 했던 친구다.

유랑극단의 피노키오 삶이런가.
못 배운 한을 품팔이 자존심에 감추던 발걸음은 작은 저 정자에 앉아보지도 못한 채 급류에 휩싸였다.

오래전에 전처와 사별하고 최근에 재혼한 친구.

그로부터 아프다는 소식을 들은 것은 일 년 전이다.
이번에는 십 일 후에 호스피스병원으로 옮길 거라며 작별인사를 하겠다는 거다.

"맨주먹 하나로 얻은 삶의 터전을 법과 달변에 익숙한 녀석들한테 몽땅 잃어버렸잖아.
그러고도 참 열심히 살아왔는데….
이렇게 되고 보니 아등바등 살아온 이유가 뭔지 모르겠더라."

너는 그저 푹푹 쉬다가 여유롭게 저승길로 오라는 친구의 말에 그저 묵묵부답, 나는 할 말이 없다.

길거리에 내몰릴 때 별 도움을 주지 못한 나를 향한 원망도, 바쁘다는 핑계로 병문안조차 제대로 못 해준 나에 대한 아쉬움도 없는 태연함뿐이다.

유언의 여유

세종대왕도 이순신 장군도
자기와 동격이 될 거라며 으스댄다.

자가용으로 가든, 버스를 타고 가든지 어차피 정해진 길.
먼저 가 풍치 좋은 길목에 자리 펴고 있겠다는
약속까지 한다.

죽음에 대한 리허설을 한 덕에 자기 딴에는 슬픔을 미화시킨 담담한 선심성인지. 죽음은 준비된 또 다른 삶을 향한 새로움의 출발점이라는 건지.

차분한 목소리인 것처럼 들려도 리허설의 극대화 효과는 별로 없다.

예정된 죽음 앞에 왠지 눅눅한 지하실 분위기처럼 어색하고 눅눅하게 들린다.

그런 나의 기분을 안 것인지.
재혼한 지 그리 오래되지 않아 아직 꿀물이 남았다며 웃는다.

지금 부인에 대한 미안함을
마지막 여유로 갖고 싶은 모양이다.

남자끼리 빈말일지라도,
정작 중요한 안사람 뒷일을 들먹이지 않은 것은
숨이 차서 미처 못 했을 거려니, 다행이다 싶다.

치유

묘한 삶의 나래들이 펼쳐지고 있다.

자기만의 울타리를 견고히 하기 위해 다른 사람의 안정된 사고思考마저 무시하는 사람들. 지식을 미끼로 보편성을 무시한 더 큰 물질과 자신만의 자존심을 앞세운 사람들.

그들은 쪽빛에 웅그린 노숙자 앞에서 왜 그리 당당한 건지. 얇은 한 장의 마지막 수치심까지 서슴없이 벗어버리기를 요구하는 지식인들의 작태들.

그들은 지성이라는 모호한 경계선으로, 그들만의 기준을 태연하게 가르치려 한다. 또 가르치고 있다. 무늬만 지성인들은 마치 리허설인 양 그 허세에 대한 남용을 펼치고 있다.

창밖으로 리허설이 필요 없는, 계절에 순응하며 춤사위를 보이는 낙엽들을 보고 싶다.

가을 낙엽이 주는 향기에 취해 신명 나게 돌아가는 거리에서. 이름 없는 노숙자와 풍각쟁이 춤사위에 눈시울을 적시고 싶다.

리허설이 필요 없는 길목에 앉아 언젠가는 반갑게 맞이해줄 유량극단의 피노키오, 그 친구를 생각하며. 흐르는 물에 영혼을 위한 흰색 꽃잎보다 붉은 꽃잎을 뿌려주며!

붉은 환청의 숲

동백은 '冬栢' 혹은 '棟柏'을 표음한 것이다.
우리나라에서만 사용하는 한자어이다.

다실茶室에서 귀한 손님을 맞이할 때 꽃꽂이로 애용한다는
흰 동백의 꽃말은 '너무나 사랑스런 당신'이다.

    창문 틈으로 비집는
    시린 바람
    응달에 숨어

귀한 손님을 맞이할 때
꽃꽂이로 애용한다는
흰 동백의 꽃말은
'너무나 사랑스런 당신'

가야 할 길 미적거려도
겨우내 아프고 슬픈 사연들
가슴에 모아담은
동백의 붉은 입술,
봉긋이 내밀고 있다.
　　　　　　－「동백꽃」

동백

'툭' 하는 외마디 탄성. 하늘을 보고 누운 화려한 침묵 속으로 섬뜩한 전율이 이어진다.

시들지 않은 몸을 통째로 날린 몸매는 아깝다 못해 비통하다.
죽기는 섧지 않으나 늙기가 섧다고, 짧고 굵게 살아온 나름의 자랑일 수도 있다.
죽음을 찬미하는 듯 미련 없이 떨어지는 모습은 단호하다.

동조하듯 툭, 툭, 떨어지는 소리에서 동반자살을 연상하기도 한다.
봄은 남겨진 겨울의 무거운 침묵과 어두운 슬픔을 모두 토해놓고서야 시작되는가 보다.

동백은 매서운 겨울 견뎌낸 엄한지우嚴寒之友라며 '청렴과 절조'로 문인들의 사랑을 받아왔다.

변하지 않는 푸르름과 영화로움에서 '신성과 번영'을, 많은 열매에서 여자의 임신을 돕는 '다자다남多子多男'으로 상징하기도 한다.

일본에서는 '스바끼'라 하며 한자의 '춘椿' 자를 쓴다.

동백꽃의 떨어지는 모습이 마치 목이 잘려 땅에 떨어지는 느낌과 같다 하여 춘수락椿首落이라 부르며 무척 꺼려한다.

춘사椿事의 의미도 불의의 사고나 흔히 있을 수 없는 불길한 사건을 뜻한다.

춘희

뒤마의 소설 『동백꽃을 들고 있는 여인』(베르디의 오페라, 라 트라비아타/ 길을 잘못 들어선 여인)에서 동백아가씨라는 별명을 얻은 '마르그리트 고티'는 1840년 프랑스의 창부 '마리 뒤프레시스'(1824~47)를 모델로 한 여주인공의 이름이다.

뒤마는 당시에 동양에서 들어와 많은 인기를 받던 동백꽃을, 여주인공을 위해 선택했던 것이다.

사랑하는 연인을 위해 모든 것을 버리고 가난과 결핵으로 피를 토하며 죽어 가는 그녀에게서, 붉은 동백꽃에 스민 애절한 숙명을 연상할 수 있다.

중국 유래의 숙어에서 '춘椿' 자가 들어간 것은 출전出典부터가 다르다.

붉은 환청의 숲

8천 년이나 장수하는 식물
좀처럼 눈에 띄지 않는
신비롭고 희귀하며
진귀한 사물의 대명사

장자莊子 소요유逍遙遊에 의하면, 상고시대의 영목靈木으로서 8천 년이나 장수하는 식물을 말한다. 좀처럼 눈에 띄지 않는 신비롭고 희귀하며 진귀한 사물의 대명사로 쓰인다.

춘수椿壽는 장수長壽의 의미이며, 부친을 춘당椿堂 또는 춘부장椿府丈이라 하는 것도 장수를 부친에 대한 덕목으로 생각한 존칭이다. 우리나라와 중국에선 동백이란 뜻은 전혀 없다.

결국 우리가 동백아가씨를 '춘희椿姬'라 함은 일본의 잔재일 수밖에 없다.

동백의 상징

동백나무의 상징은
불길한 죽음, 인생무상, 장수長壽, 단명短命을 비롯하여
사랑도 슬픈, 아름다운, 요염한 사랑으로 다양하다.

하나의 실체를 놓고, 국가는 물론 같은 민족끼리와 남녀 간에도 받아들이는 느낌은 주변 환경에 따라 판이하게 달라진다.

남자와 여자 간에도 동상이몽으로 외로워하고 힘들어하는 일이 많다. 이는 생태학적인 불변이다.
어느 쪽이 사랑이란 너그러움으로 좀 더 이해하고 참느냐 하는 정도의 차이일 뿐이다.

성욕에서 남성이 여성보다 네 배나 더 많고, 일반적으로 남성

은 시각정보에 강하며 여성은 후각정보에 유난히 더 예민하다고 한다.

붉은 여우의 후각이 탁월하다는 데서 여자를 여우라 하는지 모르지만, 남자들에게는 치명적이다.
남자의 외도를 맥없이 좌절시키는 데 결정적인 역할을 톡톡히 하고 있다.

동백꽃에서 느끼는 사랑의 감정과 또 다른 상징들이 극과 극을 나타내고 있는 것처럼, 남녀의 큰 차이 중에 하나는 사랑이다.
사랑에 대한 서로의 묘한 감정은 각각 다양하다.
이런 연유로 궁합의 필요성은 어느 정도 긍정적일 수 있다는 생각이다.

사랑의 차이

나폴레옹이 어떤 치즈 냄새를 맡은 뒤 '조세핀의 냄새'라며 착각했다는 일화나 '여성은 하루에 두 번은 목욕하라.'는 지금은 저승에 있는 사담 후세인의 말을 빌리지 않더라도 몸 냄새에 있어서 여성은 남성보다 훨씬 강하다.

그런데도 남성의 땀이나 담배냄새에는 질색한다.
하지만 사랑하는 이성이 생기면 사정은 영 달라진다.
오히려 바싹바싹 다가가서 체취를 느끼고 싶은 것은 여성의 본능이다.

시대적 변화는 있지만, 결혼 후에도 변하지 않는 사람과 즐거움을 주길 원하는 것이 여성의 사랑이다.
반면 남성은 일단 안정권에 들어온 사랑보다는 사회에 대한

*'남성은 사랑하는 것에서 시작해서
여성을 사랑하는 것으로 끝난다.
반면
여성은 남성을 사랑하는 것에서 시작해서
사랑을 사랑하는 것으로 끝난다.'*

관심과 일에 더 전념하게 된다.

이런 차이점을 프랑스 시인 레미 드 굴몽은
'남성은 사랑하는 것에서 시작해서 여성을 사랑하는 것으로 끝난다. 반면 여성은 남성을 사랑하는 것에서 시작해서 사랑을 사랑하는 것으로 끝난다.' 했다.

봄의 길목에서

사랑으로 시작하고 사랑으로 끝나는 삶.
그중에서도 부모와 자식의 사랑은 안정된 사회의 질서이고 필수이며 기본적인 사랑이다.

그럼에도 요즘 들어
동백꽃은 '청렴과 절조'나 '신성과 번영'보다는 '죽음의 찬미'와 '고통의 절규'로 강하게 다가오기도 한다.

여기저기 툭 툭 떨어지는 동백나무 숲의 슬픈 탄식 소리에 소스라친다.

추위도 추위이지만, 사랑이란 보자기로 보듬은 채,
어린아이들과 함께 이승을 작별하는 가족들과 애틋한 사랑을 담은 연인들의 동반자살하는 소식들 때문이다.
　슬픈 그 소식에 왜장을 끌어안고 남강에 투신한 논개의 젊은 영혼까지 보인다.

　순절한 논개를 닮은 혼이 담긴 듯, 붉은 꽃봉오리가 애처롭다.

　겨울을 품에 안고 동백꽃이 미련 없이 다 떨어지면 겨우내 응어리진 아픔과 슬픔이 흐르는 남강 물결 따라 영원히 사라졌으면….

　'죽음을 찬미'하지 않는
　'아름다운 사랑'으로 다가오는 동백꽃.
　그런 봄비의 아름다운 숨결을 맞이하고 싶은 날이다.

삶의 여울목에서

'나는 이제 단맛과 쓴맛이 뒤섞인 이 술잔을
한 방울 남김없이 비우리라
내가 생명을 마시던 이 잔 밑바닥에
어쩌면 한 방울의 꿀이 아직 남아 있을지도 모르지 않겠는가!'

프랑스의 낭만주의 작가 라마르틴느의 시 「가을」의 한 구절이다. 인생의 쓴맛을 보며 지내는 황혼기에 어쩌면 남아 있을지도 모르는 그 무언가를 열망하며 저무는 가을 하늘을 바라본 사람들. 그들이 꾸는 꿈과 쓴맛마저도 감수하면서 얻으려는 달콤한 꿀맛은 무엇일까.

본능의 유혹

사랑, 죽음, 그리고 섹스.
인간이 이 세상에 태어나면서부터 함께 동반한 세 가지의 유혹이다.

영혼을 흔들 만큼의 사랑을 하고 싶다.
하지만 그 사랑이라는 것이 쉽게 우리 곁이 오지 않는다.
오히려 호기심을 사랑이라 착각할 때가 많다.

그래도 죽도록 하는 사랑이 아니어도
흐드러지게 피었다 지는 꽃일망정,
후회 없도록 서로를 탐닉하고 싶다.

'사랑은 섹스다'라는 공식처럼

가슴 밑바닥에 각인되어 있다가,
어느 날 은밀히 다가서는 유혹의 밤바람을 기다려 본다.

육체는 감정의 진원지이다.
표현의 도구이며 욕망의 종착역이다.

그중에 성性은 감정을 표현하는 한 방식이다.
그 감정에는 사랑과 연민에 의한 행위는 물론
배신과 분노, 좌절과 슬픔 등
여러 가지 스펙트럼을 초래한다.

죽음의 본능

학자들에 의하면, 누구에게나 잠재해 있다는
'Womb Complex'는
어머니 자궁Womb 속의 평온함에서 자라는
태아의 상태를 뜻한다.

어떤 갈등이나 불안, 공포를 모르는 평온함 속의 기억으로,
우리가 절망의 순간에 돌아가고 싶어하는 곳이
자궁으로의 귀환이라 한다.

흔히들 힘에 부치는 어려운 역경에 처하면
"아! 죽고 싶다."라고 하는데,
이를 'Return to Womb' 또는 '죽음의 본능'이라고 한다.

인간에게는 전쟁이나 극한 상황에서 불안, 공포 그리고 초조함으로 깊은 혼동에 빠져들게 된다.

그때 예측할 수 없는 생존의 불확실성에서 벗어나고 싶어 하는 본능이 있다.

이는 영화감독이며 예비역 해병대위 이영실의 체험적 월남전 이야기, 「배틀크라이」에서도 잘 나타나 있다.

전쟁터에 핀 사랑과 휴머니즘을 내용으로, 월남전에 투입되는 해병용사에게 한 번 더 껴안고 가라며 모성애를 베풀던 집창촌의 그 윤락녀는 이 점에서는 천사와 다름없다.

원초적 본능

구슬땀이 맺히는 성性의 희열은 모든 것을 잊게 해주는 묘약이 된다.

경직된 마음과 몸을 이완시켜 가파른 감정의 고비를 넘겨주는 것이다.

월남전에 참전했던 전우들의 초조한 심정에서도 나타났듯, 살벌한 전쟁터에서 일촉즉발의 위기 속으로 들어가야 하는 병사들이 여자를 찾는 것은 동물적 섹스의 감흥이 아니라 불안감에서 벗어나고 싶은 인간의 본연의 감성이다.

살고 싶다는 절규의 몸부림이며 평온한 자궁 속으로 회귀본능이다.

그런 병사의 몸부림을 알기에 심리적 치료제로 활용되기도 했었다. 무의식에서도 어머니를 찾는 이유이기도 하다.

어둠 속,
여명의 길은 없었다.

깨어난 창백한 슬픔은
색 바랜 나뭇잎이다.
거칠게 이지러지는 눈 폭풍우 속
가시 돋친 손아귀에 잡힌 가여운 영혼

가슴 그 깊숙한 곳에 숨어있던
힘없는 숨결
벌거벗은 알몸뚱이로
어둠을 향해 나약한 손을 내민다.

저 멀리 꿈결인가
창문에 어른거리는 주름진 얼굴

.

.

어머니!

-「나목裸木의 눈물」

나목의 꿈

어깨가 축 처진 남자.

이리저리 뒤져도 주머니에 잡히는 것은 아무것도 없다. 어지러운 삶의 조각들을 엉성하고 낡은 퍼즐에 맞추려 애쓴다. 탄타로스*의 채워지지 않는 허기에 시달리는 긴 두려움의 시간, 이제는 모두 잊고 싶다. 보고 싶지도 않다며 눈을 꼭 감는다. 절망의 모습이 사라진 평온한 얼굴. 그의 고개가 조금씩 기우뚱거린다.

… 희뿌연 한 가로등 아래. 꽃 한 송이를 요염한 붉은 입술에 지그시 물고 여인이 서있다. 눈웃음으로 갈증을 달래줄 누군가를 기다리고 있다. 어둠의 파문이 잔잔한 작은 연못 수풀가에서 그녀와 산책하고 싶다. 이 순간만큼은 죽어도 후회 없다는 듯, 그가 달려가 손을 내밀고…!

---

* 그리스의 신화, 제우스의 자손으로 죄를 지어 연못에 처박혀서 영원한 갈증과 굶주림에 시달린다.

급정거하는 심야버스에 몸이 앞뒤로 흔들리며 벌떡 정신을 차린다. 눈웃음치던 여인의 모습이 두 눈에 머문다. 불나방이 되어도 좋은, 꿈결 속의 여운이 못내 아쉽기만 하다.

"나비의 꿈속에서 잠시 인간이 되어 있는 건지, 아니면 인간의 꿈속에서 잠시 나비가 되어 있는 건지…"를 잘 모르겠다며 꿈속에서 나비가 되어 이 꽃 저 꽃을 날아다니다 깨어난 장자가 한탄했다더니.

꿈에 본 여인의 붉은 입술에는 아직도 식지 않은 달콤한 꿀이 남아있을 텐데. 차창 너머 싸늘한 도시의 가로등 불빛만 아른거린다.

그가 또 눈을 감는다.

불꽃 영혼

한 점 구름이 되어 오른다.
이 섬, 저 섬을 경유하며 괌에서 마주로 섬으로 흐른다.
미국으로부터 사용료를 받고
원폭 실험장소로 빌려줬던 비키니섬도
마샬군도의 섬 중에 하나이며
하와이 아래쪽에 있다.

불꽃나무

바람을 품은 파도, 그 시원하고 호탕한 웃음을 해변에 쏟아놓고 하늘 높이 날아오른다. 야자수와 붉게 타오는 불꽃나무 Fire tree가 어우러진 조용한 섬이다.

불꽃나무는 꽃송이들이 나무를 덮고 있을 때는 마치 큰 불기둥을 보는 듯하다. 너무 붉다 못해 가슴속에 묻어둔 정열을 또는 한 맺힌 원망의 응어리를 원 없이 태우는 것 같다.

제2차 세계대전 때, 일본군의 점령지였던 섬들.

녹슬었을망정 그들의 대포는 독도를 탐내듯, 숨겨진 야욕을 못 버리고 흉물스러운 모습으로 지금도 여기저기 흩어져 있다.

마샬 대통령은 우리를 '피를 나눈 형제'라 한다. 일본군의 탄압에 봉기했던 마샬인과 우리 징용자들이 일본군에 의해서 함께 학살당했던 서글픈 역사를 공유하고 있기 때문이다.

슬픈 영혼

우리의 할아버지, 아버지들의 고독한 넋을 위로해주는 흔적은 어디에도 없다.

무심하게 고향 하늘을 그리워하며 대한해협을 돌아온 태평양 푸른 물결만 오늘도 출렁이고 있다.

아예 기억조차 하고 싶지 않다는 듯 외면하고 있는 우리들의 손길, 그래도 후손이라며 하염없이 기다리는 슬픈 영가들이 맴돌고 있다.

수평선, 저녁노을 속으로 떠도는 영혼들. 그 탄식들로 마주로 섬의 불꽃나무는 태평양 바다를 한층 더 붉게 물들이고 있는 것은 아닌지.

어느 원주민 2세는 어머니로부터 전해 들은 아버지의 '김' 씨 성을 정확히 알고 있다.

어느 촌로는 기억 저편으로 숨어버렸던 아리랑을 제법 맛깔스레 꺼내 부른다.

고향을 떠난 희미한 가락 속에는 병들고 학살당한 영혼들의 애잔한 슬픔이 전해져온다.

긴 여운 속에는 잊지 못하는 어머니의 푸근한 가슴과 체취가, 황토색 흙내를 그득히 품은 흰 구름이, 그 산마루를 감아 도는 솔잎 향기가 녹아있다.

역사의 뒤안길에 잊어버린 영혼들이 불꽃 영혼이 되어 벌겋게 타오르는 이국의 섬.

아직도 돌아가지 못한 고향 그 하늘에, 안기지 못한 어머니 소식을 물어온다.

이 낯선 나그네에게….

불꽃 영혼

에필로그 epilogue

지붕에 올라서 북쪽을 향해 혼백을 불러주던 숭례문.

우리 곁에서 긴 세월을 어루만져주던 역사의 맥박들이 시뻘건 불더미 속에서 절규하고 있다.

그 처절한 몸부림을 보면서, 노을 지는 먼 남쪽 하늘을 떠도는 불꽃나무의 응어리진 영혼의 불빛들이 왜 눈에 비쳐지는 것일까.

역사를 보듬지 못하는 후손의 죄책감. 그 속에서 태평양을 떠도는 슬프고 붉은 영혼들마저도 잊혀질 거라는 암울한 불길을 보았던 것은 아닐까.

저 숭례문의 잿더미처럼 기억의 바람은 흘러가고 영영 돌아오지 않을 것만 같다.

왕견王犬을 찾습니다!

삼강오륜

언제부터였을까.

개[犬] 팔자가 뒷방에 기거하는 그 어떤 사람보다 훨씬 서열이 높다.

개. 박물관 학자에 의하면 우리가 개를 식용으로 해온 이유는 두 가지이다.

첫째는 약용이며

두 번째는 식용으로 우리의 건강을 위해서다.

또한 우리 민족은 개를 자신의 가족처럼 생각했다. 집을 지키고 주인에게는 더할 나위 없이 충성스럽기 때문이며 이 점을 부각하면 정치인들은 틀림없는 타고난 개[犬] 팔자임을 긍지로 여겨야 한다.

개에게도 삼강오륜三綱五倫이 있다고 생각할 정도였다. 강원도 양양에서 전해지는 이야기에는 개의 오륜을 다음과 같이 들고 있다.

먼저 주인을 보고 짖지 않아 군신유의君臣有義의 정리正理가 있다고 보았다.
새끼는 어미를 깨물지 않아 부자유친父子有親이라 했고, 새끼를 배었을 때 부부가 겸양할 줄 알아 부부유별夫婦有別한다고 간주했다.
작은 개는 큰 개를 범하지 않아 장유유서長幼有序라 여겼으며, 한 개가 짖으면 모든 개가 호응한다 하여 붕우유신朋友有信한다고 생각했다.

견불십년

　삼강오륜에 충실한 개[犬]는 많을수록 좋다.
　하지만 개가 개다운 삶을 유지하는 기간은 10년으로 잡았다.
　견불십년犬不十年이라는 말처럼 10년 이상 키우면 요물로 변한다는 말이다.
　옛 사람들의 말이라지만, 변하지 않을 교훈이다.

　발해를 멸망시킨 백두산이 폭발할 거라는 걱정도 걱정이지만, 시도 때도 없는 잡견들의 현란한 붕우유신朋友有信으로 귀가 멍하고 눈이 시리다.

　개만도 못하고 혼돈의 대가인 정치인들이 충견은 물론 왕견王犬까지 하겠다고 짖어댄다.
　개는 개로되, 왕건을 닮고 견불십년犬不十年의 유통기간이 남은 왕견王犬을 어디 가서 찾을 수 있을는지.

  미친개가 넘치는 작금의 시절.
  개에게 물리면 광견병에 걸리며, 일명 공수병恐水病이라고도 한다.

  인간의 문명은 물가에서 발전했고, 삼면이 바다인 우리.
  상선약수上善若水라고, 은혜와 믿음으로 세상을 깨끗하게 하며 낮은 곳으로 흐르는 물줄기를 품은 금수강산에 살고 있는 우리들.
  까짓! 공수병. 물을 무서워할 수는 없는 거 아닌가요.

  * 튼실한 개목걸이가 왕견王犬을 애타게 찾습니다. *

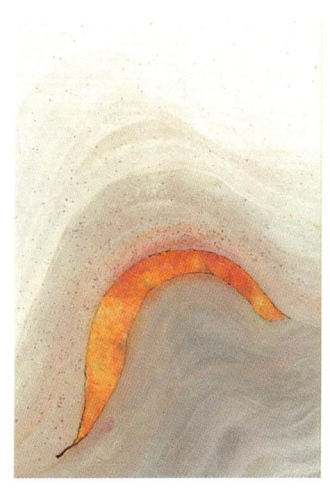

6 여우, 술 마시던 날의 추억들

부처님 손바닥 | 여우, 술 마시는 날
연탄갈비와 해장국 | 부드러운 남자 | 남쪽 바닷가에서
아들들의 편지 | 시간의 여유

부처님 손바닥

이방인

야망의 덫에 갇혀 중동까지 흘러온 우리들.
가끔 사막을 질주하며 피로를 날려버린다.
이방인들은 혼자 떠날 수 없는 미지의 사막이다.

모래태풍.
바그다드로 진격하던 미군의 발목을 붙잡은 그런 황당한 일로부터 안전하고, 어떤 경우라도 미아가 되지 않는다.

뿐만 아니라 광활한 사막에서 예기치 않은 혼자만의 죽음을 피할 수 있다.

이를 잘 알면서도 나누는 즐거움이나 더불어 사는 지혜보다, 혼자만의 희열을 위해 슬며시 홀로 떠나기도 한다.

그렇게 떠난 발걸음은 한없이 가다가 불현듯 허탈감에 빠져버린다.

순간적으로 당하는 사고로 사막에 도사린 추위와 싸워야 하는 두려움도 있다.

돌아가기에는 너무나 먼 길, 넓은 사막엔 아무도 없다는 외로움에 공포를 느낀다.

마침내 절망 어린 눈망울엔 후회가 서리고 차가운 별빛은 이슬지어 흐른다.

휴식

2주에 한 번 쉬는 휴일.

2차 세계대전 당시 영국의 몽고메리 장군과 독일의 롬엘 장군 사이에서 수많은 죽음을 남겼던, 드넓은 사막의 유명한 전투지를 향한다.

며칠 전부터 답사 겸 놀러 가기 위해서 지도를 면밀히 살피며 이정표를 점검했다. 다시는 돌아오지 않을 듯, 먹을 것도 입을 옷도 넉넉하게 준비하고 중동의 일요일인 금요일을 기다렸다.

현지에서 산 승용차는 시속이 떨어질수록 엔진소음은 요란해진다.

차체도 무겁게 끌린다. 뒤에서 쫓아오는 차가 있는 듯 마음까지 불안하다. 날아가는 듯 달리면 후련하고 상쾌해진다. 더 이상 다다를 곳 없는 속도계를 힐끔힐끔 쳐다본다. 속도제한은 물론, 교통경찰도 없다. 혹 앞차가 있으면 추월만 있을 뿐이다.

　사막은 정지된 듯한 착각에 사로잡히게 만든다.
　먼 신기루를 보며 자기최면에 빠진 채 거침없는 질주를 하게 된다. 죽음의 그림자는 차 밑에 바싹 따라오건만, 쾌감을 저버릴 수는 없다. 먼 지평선으로 실처럼 이어진 가야 할 길이 꼬리를 하염없이 물고 다가선다. 간간이 낙타들만 보이는 메마른 풍경이다.

　도중에 간이역이라도 있으면 핑계 삼아 쉴 수 있을 텐데 그것조차도 없다.
　뭐가 그리 급한지. 내내 액셀러레이터를 꾹 밟아온 다리가 저려온다. 하는 수 없이 휴식을 위해 잠시 차를 세우고 오랜만에 모래밭을 디뎌본다.

질주의 허탈

얼마 만에 가져보는 여유인가.
앞만 보고 달린 탓인지 균형 잃은 몸은 휘청거린다.
슬며시 뒤를 보니 정신없이 지나온 길은 어스름하다.
여기가 어디쯤인가. 보이는 것은 하늘과 모래뿐인데 정지된 지평선에서 갑자기 바람이 불어오기 시작한다.
광활한 사막은 예상치 못한 모래바람에 점점 미쳐갈 때도 있다.

위대한 대지, 자연의 저주이던가! 눈을 뜰 수도 없고 발걸음마저 바람에 비틀거린다.
남겨진 발자국마저 바람에 날려 희미해지고 마침내 자취를 감춰버린다.
나는 어디서 온 것일까.

보이지도 찾을 수도 없다.

떠날 때 익혔던 이정표마저 간 곳이 없으니 이제 어디로 가야 하는지.
드넓은 사막의 티끌에도 못 미치는 나.
뒤돌아볼 여유조차 없이 달려온 나.
가야 할 죽음의 옛 전쟁터는 아직도 멀었기에 모래바람이 그치면 또 달려야 한다.
여기가 저기 같고, 저기가 여기 같은 부처님 손바닥 안, 모래바다 속을 달리고 또 달릴 것이다.

그곳에는 세월에 시달린 남루한 기념비 하나가 옛 명예를 대신하고 있을 뿐인데, 허망한 그 영혼들 앞에서 뒤도 안 보고 달려온 의미를 무엇으로 찾을 수 있을까?

여우, 술 마시는 날

일탈시간

회식이 있던 날이다.

태준은 쾌활해 보이고 애교 넘치는 그녀가 첫눈에 들었다. 남자의 시선을 잡는 묘한 매력이 있다. 그러나 누구든 함부로 다가가지 못하고 주변에서 서성이게 하는 것은 자신만만한 그녀의 태도 때문이다. 이차까지 이어졌던 회식이 끝나고, 집 방향이 같은 그녀와 자연스럽게 귀가하게 되었다.

태준은 출퇴근 때 아내의 상냥한 인사를 제대로 받아본 적이 없다.

쉬는 날 별식은 고사하고 품에 안기며 애교를 부린다거나 사근사근하게 다가오지도 않는다. 그렇다고 바가지를 긁거나 투정을 부리는 것도 아니다. 고여 있는 물처럼 잔잔한 그들의 결혼생활이 주변에 잉꼬부부로 비춰질 때도 있다. 아기자기한 맛은 없더라도 시원하게 쏟아내는 다툼이라도 있었으면 싶은 때가 있을 정도다. 생활이 이런 것은 아닐 텐데. 진하게 쌓이는 회의를 팔자이려니 하며 살아왔는데. 잔주름이 눈가에 살풋 서린 그녀의 미소가 태준을 끌어당겼다.

그렇게 시작한 만남은 새로운 회생이다.

그의 앞에서는 모든 수치심을 주저 없이 보이는 그녀. 너무 직선적이고 토라지기 일쑤지만 투정이 귀엽다. 서걱거리는 갈대숲에서, 쏟아 내리는 별빛 아래에서, 서로를 확인하는 입맞춤은 언제나 부드럽다. 숨 가쁜 숨결을 듣는 블랙홀의 긴 여행은 몽환적이다.

소망 서린 눈망울

눈이 내린다.

약속한 모임이 있어 가는 길이 허전하다. 이런 날 옆에 있어야 하는데. 하지만 오늘은 그녀대로 옛 동아리 모임이 있는 날이다.

눈발이 점점 굵어지고 있다. 전화기를 잡은 손끝에 신경을 모으고 주머니에 밀어 넣는다. 태준의 마음은 점점 편치가 않다. 물가에 혼자 놓아둔 어린애 같고, 때로는 분위기에 곧잘 취하는 철부지이다 보니 슬며시 문자 메시지를 보낸다.

'술 마시는 날!'

답변이 간단하다. 왠지 불안해진다.

여간해서 실수가 없는 그녀지만 혹시 눈[雪]에라도 정신을 뺏

여우, 술 마시는 날

기는 것은 아닐까. 담배를 물고 희뿌연 하늘을 본다. 붉은 해는 구름에 싸여 달빛을 닮아가고 얄궂은 눈은 태준의 마음과는 상관없이 나울나울 내린다.

해 뜬 날 비가 오면 호랑이 장가가는 날이라던데, 해 뜬 날 눈이 오면 무슨 날일까. 마치 달빛 같은 해에 홀려 여우가 술에 취하는 날인가 보다.

모임에 참석하고는 있지만 온 신경이 휴대폰에 가 있다. 연락을 한다더니 왜 소식이 없는 건지. 기어이 눈[雪]에 홀렸나. 벌써 창밖의 어둠은 짙어졌고 은근히 부화가 끓어오르기 시작한다. 애꿎은 전화기를 연신 두드려대도 신호음만 길게 울릴 뿐이다. 내 존재를 까맣게 잊은 건 아닐까.

무거운 마음에 메일을 열어본다.

「나, 이찌! 지금 막 집에 들어왔어. 내가 술 한잔한다니까 무척 긴장했지? 말 그대로 한 잔으로 끝냈어요. 다른 사람들 몇 동이 마시는 동안, 첨 한 잔 받아놓고 버티기, 그거 자주 한 거라 별 어려움 없어. 눈발이 날리니 술 해야 할 이유가 충분했으니 잔소리하지 말아야 해…. 얘! 자기 없는 자리에서 내가 술을 마시겠어요. 그래 본 적 없다고 했잖아! 믿는 구석 없는 데선 절대 하지 않는 것, 그중에서 일 순위가 바로 금주란 말야. 걱정하게 해서 미안해! 늑대만의 여우네요! 요 늑대야! 그렇다고 술 먹고 있는 건 아니지?」

"에이! 그러면 그렇지…, 그럼 전화라도 해줄 것이지. 나 속 곯아 병나면 저는 좋은가."

입을 헤 벌린 채, 태준이 들려주는 이야기에 취해 나는 연신 고개만 끄덕인다.
나도 모르게 나오는 한숨 속으로 하얀 달빛이 오늘따라 더 차갑고 쓸쓸하게 다가서고 있다.

연탄갈비와 해장국

추억 따라 나선 길

모임을 위해 길을 나선다.

눈 온 뒤끝이라 뒷골목과 인도는 반질반질 윤이 난다.

엉거주춤 내딛는 발걸음마다 온 신경이 곤두선다.

미끄러운 길 위로 아낌없이 뿌려지던 연탄재 생각이 간절하기만 하다.

그러고 보면 뜨겁게 불을 지피다 하얗게 몸을 사르던 연탄만큼 서민의 애환이 서려있는 것도 없다.

연탄갈비와 해장국

긴긴 겨울 따뜻한 등짝을 위해 새끼에 매달린 연탄이나 지게로 나르던 산동네의 풍경, 자다 말고 갈아야 하는 귀찮음과 독한 가스 냄새, 꺼진 연탄불을 피우는 메케한 연기에 찡그리며 흘리던 눈물, 이사 때면 신고 가던 뜨거운 연탄 화덕, 철마다 어김없이 당하는 중독사고와 어둠을 깨우며 자지러지던 앰뷸런스의 사이렌 소리, 양은냄비에 담겨 보글보글 끓던 된장국의 훈훈한 김과 식구들의 기다림 그리고 심심풀이로 걷어차고 다니던 연탄재.

이 모두는 인심이 넉넉하던 세월의 단막극들로 구공탄에 고스란히 담겨있다. 그보다 편해지고 삶의 질은 높아져도 훈훈한 눈길이 담긴 연탄불을 서로서로 빌려주던 이웃의 정은 네온 불빛이 현란해질수록 점점 희미해지고 있다.

해장 문화

우리의 모임은 언제나 훈기가 있다.

전혀 생소한 남남이 만나 생사고락을 같이하던 오랜 정 때문이다. 정오에 시작된 모임은 인연의 고리를 쉽게 놓지 못한다. 장소를 옮겨가며 시간을 붙잡고 있는 것은 으레 나뒹구는 술병들이다. 그것도 서로 다른 술맛들이 하나가 되어 시끄러운 소리와 함께 어우러지고 있다.

술술 잘 넘어간다고 해서 술이라 했던가.

슬퍼서 한잔 기뻐서 한잔, 이래저래 술잔들이 빙빙 돌다 보면 이튿날까지 숙취가 남아 머리가 무겁기 마련이다. 알코올이 분해되기 이전의 중간 대사물질인 아세트알데히드가 원인이다.

숙취를 푸는 방법이야, 꿀이나 차를 진하게 타서 따끈하게 마시거나, 가벼운 운동을 흥건하게 몸이 젖을 정도로 하면 좋다. 따뜻한 물에 샤워도 한다. 위벽을 보호하고 알코올 대사를 촉진시키며 이뇨 효과를 위해서는 잘 익은 홍시를 먹거나 지압을 받기도 한다. 나는 지나친 술은 무조건 토해 버리는 것이 상책이라는 동의보감의 처방을 곧잘 따른다. 그리곤 무식하게 술을 권하던 친근한 녀석들의 얼굴 하나 하나를 기억해 놓는다.

이러니저러니 해도 음식물의 섭취와 충분한 휴식이 무엇보다 최선의 방법이다.

음식의 뜨거운 국물로 찌꺼기를 풀어내는 행위가 해장이며, '해정'이라는 문자에서 온 해정국이 와전된 것이라는 해석도 있다. 어찌되었건 해장은 말 그대로 내장의 응어리를 푼다는 뜻으로 그 국물이 해장국이다.

해장은 한문에서 비롯됐지만 한적漢籍에서는 전혀 찾아볼 수 없다. 한국인의 발달된 내피감각으로 창조해낸 말로 우리만의 해장문화다.

연탄갈비와 해장국

해장국을 예전에는 주치의酒治醫라고 했으며, 갱羹이라고도 했다. 1925년에 쓰여진 풍속서에는 새벽종이 울릴 때 양반들이 먹었다는 효종갱曉鐘羹이란, 전복과 인삼이 들어간 해장국도 있었다.

지금의 남한산성 부근에서 만들어 소달구지에 실려 한양에 배달됐다는 그 맛이 최근에 민속촌에서 재현되기도 했다. 어느 해장국보다도 시원하고 개운했다는 평이다.

해장국에는 선짓국, 콩나물국, 사골우거짓국, 팟국, 북엇국, 조갯국, 올갱잇국 등이 전국 지방별로 나름의 특색을 자랑한다.

그중에서도 1800년 말에 쓰여진 『시의전서』에 선짓국이란 말이 나오며, 1883년에 개항한 인천에서 허기진 부두노무자들이 이른 아침에 빈속을 풀고 나가기 위해 먹었다는 국을 해장국의 원조라고 믿고 있다.

연탄갈비와 해장국

    자료에 의하면 1900년대 초반에는 현재의 종로구청 자리에 새벽이면 나무장이 섰으며, 이를 나르던 지게꾼들을 상대로 한 국밥집 '평화관'을 피맛골 해장국의 시초로 보는 이들도 많다. 한국전쟁 이후에는 선지를 듬뿍 넣은 청진동 특유의 해장국이 등장하면서, 이 골목의 역사와 그 궤를 함께하고 있다.

    배불리 먹어도 속이 편하고 소화가 잘 되며 영양가도 높다.
    재료나 조리방식, 맛 모두가 훌륭한 우리의 음식이다. 걸쭉한 막걸리이건 비싼 양주이건 취하고 쓰린 속을 달래기에는 신토불이 해장국만 한 것은 없다.
    하지만 애석하게도 해소음식에 들어있는 알코올 분해성분은 소주 1병을 넘지 못한다.

그곳에는 뭔가가 있다

그들을 만난 것은 인연이다.

지금은 없어진 선산이 있기는 했어도, 일산을 고향처럼 느끼게 될 줄은 몰랐다. 직업의 특성상 한 곳에 머무르기가 쉽지 않은데도 십여 년 이상을 떠나지 못하고 있다.

집안 어르신네와 함께 박석고개와 구파발을 지나 찾았던 선산의 기억과 젊은 시절에는 신촌역에서 짧은 기차여행을 겸해서 찾아왔던 허름한 술집들이 있던 곳이다. 취기에 어느덧 저물어가던 그때의 주막거리는 일산 신도시개발로 풍동으로 옮겨져, 옛 지명인 애니골로 추억을 남겨놓고 있다.

작은 구릉을 이리저리 돌면서 휘황찬란한 밤과 생동감 넘치는 자태를 한껏 뽐낸다. 하지만 물질에 따른 환희는 넘쳐나도 따스한 인정을 쉽게 느낄 수 없다. 과거의 정겨움이 날로 희석

연탄갈비와 해장국

> 한 번쯤은 안도현 시인의
> 「너에게 묻는다」를 생각하는
> 젊은이들의 부딪치는 술잔에서
> 활기찬 미래를 엿볼 수 있기 때문이다.

되어 가는 현실과 미래는 더욱 건조해 보이고 허전하다.

   그래도 철길을 넘은 초입에는 모자가 함께하는 해장국과 연탄갈비집이 있다. 주변 풍경들이 거의가 외국 냄새를 짙게 풍기기 때문일까, 무척 촌스러워 보인다. 하지만 어수룩하고 꾸밈없음이 오히려 정감이 간다. 옛 정취가 주인의 삶만큼 구수하고 담백한 친숙함으로 편하게 다가선다.

   그러다 보니, 쓰린 속도 달랠 겸, 신토불이의 조화를 느끼는 해장국과 연탄갈빗집을 찾게 된다. 때론 인연으로 이어온 지난 세월과 공존하는 지금의 나를 꺼져 가는 연탄불을 보며 술 한잔에 음미해보기도 한다.

   물질에 탐닉하고 나를 잃어 가는 어수선한 분위기에도 어둠이 깔린 밖은 결코 어둡지만은 않다. 천연색 네온사인의 밝은 불빛 때문이 아니라. 한 번쯤은 안도현 시인의 「너에게 묻는다」를 생각하는 젊은이들의 부딪치는 술잔에서 활기찬 미래를 엿볼 수 있기 때문이다.

     너에게 묻는다
                      - 안도현

     연탄재 함부로 발로 차지 마라
     너는
     누구에게 한 번이라도 뜨거운 사람이었느냐

부드러운 남자

만남

"밖에서 하니까 더 흥분되네…."

전원이 필요없는 모 회사의 노트북 컴퓨터 광고멘트다. 성적 호기심을 자극하여 구매충동을 일으키는 효과가 있다.

광고 평론가에 의하면, 성욕과 식욕은 근친이다.

식욕의 행위나 남녀의 모든 관계행위는 형태로 매우 유사하다. 둘의 속성은 늘 충족되길 갈망하며, 욕망으로 중독된 둘의 교합은 근친상간이나 다름없다. 식욕에 성욕을 교묘하게 덧붙인 광고는 서로의 보완작용으로, 비록 차가운 식음료일지라도 원초적인 스릴을 느끼게 해준다.

시원한 맥주나 아이스크림처럼, 차가운 속성은 어느새 짜릿한 감정에 거부감 없이 젖어든다.

낙엽이 구르는 가을 풍경과 어우러지면 훨씬 돋보이는 그녀는 멋의 상징이다.

로댕의 '생각하는 사람'을 더욱 우수에 젖게 하는 그녀는 차분한 인생을 보여준다. 어느 사람은 그 멋에서 우러나오는 은은한 느낌으로 사랑의 환상을 떠올리기도 한다.

운명적인 만남, 내가 그녀와 첫 입맞춤을 하게 된 것은 입대를 막 하고 나서다. 혀가 갈라지듯 싸한 아픔으로 우리의 인연은 시작되었다. 괴로움을 지닌 채 목숨을 건 사랑에 맹목적으로 빠져들었다.

즐거우면 즐거운 대로, 괴로우면 괴로운 대로, 그녀는 말없이 나의 오랜 세월을 묵묵히 보듬고 있다. 나 또한 가당찮은 의리로 지금껏 의지하며 지낸다. 더욱이 처음 보는 사람들끼리도 마음을 통하게 해주는 사교의 역할까지 훌륭하게 해주는 그녀다.

물론 그 대가로 돈을 받고는 있지만, 그렇다고 억지로 요구하지는 않는다. 언제나 퇴기처럼 버림받을 것이라는 것을 알고 있어도, 숙명이라 여기며 그 어떤 불만이나 원망도 없다. 이것이 그녀를 사랑하는 가장 큰 이유인지도 모른다.

그러던 그녀가 개인뿐만이 아닌 공공의 적으로 요즘 들어 부쩍 빛을 잃어간다. 그녀를 더듬는 과욕은 성욕을 일찍 저하시킨다고 한다. 각종 질병의 주범이라며 호된 질타를 받는다.

그녀와 거닐던 수많은 거리도, 함께 웃던 즐거움도, 그리고 달콤한 입맞춤까지 모두 다 추한 과거로 변해간다. 가정의 평화와 자신을 위해서라도 멀리하란다. 애꿎은 주변 사람에게도 엄청난 피해를 준다며 불평 또한 대단하다.

깊은 정

그렇다고 정 떼기가 그리 쉬운 일은 아니다.

깊은 그녀의 유혹을 뿌리치고 마침내 정분을 끊으면 의지가 강하기는 해도, 인정머리라고는 쥐꼬리만큼도 없는 비정한 사람이라고 한다.

때론 주변의 곱지 않은 눈초리에 결별을 시도해 본다. 순간적인 권태로 그 체취가 싫어질 때도 있다. 하지만 '어떻게 붙인 정인데.' 하며 그녀에 대한 미련에 며칠을 못 넘기고 만다. 집에 들어가기 전에는 그녀의 작은 흔적이라도 혹 남아있지 않을까 살피기는 해도 아직까지 독한 사람들 근처에는 얼씬거리지 못한다.

이토록 정에는 한없이 여리고 따뜻한 남자이건만, 그녀와 함께 있는 나를 징그러운 벌레 보듯 대하는 사람도 있다. 즐거움을 함께 나누던 밝은 공간도 점점 줄어들고, 이런 것들이 새로운 스트레스로 그녀를 더 가까이하게 되는 빌미가 된다. 나이답지 않은 십대의 반항인지. '하지 말라.'는 성화가 심하면 심할수록 더 그리워진다.

아무리 뒤져봐도 보이질 않는다.
도대체 어디에 있을까. 슬며시 쓰레기통을 휘적거려본다.
"아니 이 사람아! 어디 갔다 이제 오나."
초췌하고 누렇게 변색된 몸이 다칠세라 고이 집어 든다.
"우리가 어디 한 해 두 해 사귄 사인가. 불륜이면 좀 어떤가. 험난한 세상 의지하며 살자 했던 마음이 더 중요하지."
사랑이 뭔지. 정은 또 뭔지. 도대체 우리의 사랑은 왜 이리 날이 갈수록 험난한 것인지.

광고에 현혹되었든 아니면 그녀가 진정 좋았든, 어차피 나 혼자 멋내며 쫓아다니고 따뜻해 봐야 아무 소용도 없다. 더불어 사는 세상에서 독하게 살수록 더욱 사랑받는 사회며 가정이라

부드러운 남자

*코미디 황제 이주일도
그녀의 유혹을 뿌리치지 못하고
멀리 떠난 마당에
무슨 미련을 더 가질 수 있을까.
한 모금의 담배연기를 날리는
로맨티스트가 되고 싶다.*

는 데는, 더 이상 뾰족한 묘수가 없다.

 코미디 황제 이주일도 그녀의 유혹을 뿌리치지 못하고 멀리 떠난 마당에 무슨 미련을 더 가질 수 있을까. 헤어지는 괴로움보다 영원히 사랑받는 눈빛을 따를 수밖에는.
 그래도 난 부드러운 남자이고 싶다. 한 모금의 담배연기를 날리는 로맨티스트가 되고 싶다.

남쪽 바닷가에서

성지순례

35년 만에 찾은 진해는 옛 친구를 반겨준다.

개나리는 노란 미소를 흘리고 갈매기 날갯짓 따라 지친 마음은 어느새 고향을 찾은 듯 상큼해진다.

군 시절 3년 동안, 단 한 번 오신 아버지의 면회도 바로 진해 훈련소였다. 더구나 상의도 없이 훌쩍 떠나왔으니 괘씸도 하련만, 예상치 못한 아버지 모습에서 속울음을 삼켜야만 했다.

먼 영면의 길로 떠나신 지가 아련한데. 홀연히 정문 앞에 서

계시던 아버지의 자식사랑이 저 물결에 어우러져 찰랑거리고 있다. 나도 어느덧 자식을 생각하고 있다. 먼 훗날 애잔한 사랑과 고마움을 녀석들에게 조금이라도 남겨줄 수 있을는지.

특권층의 젊은이들이 병역기피를 해도 나는 잃은 것보다 얻은 것이 많았던 곳이 다름 아닌 진해훈련소였다. 진해 방향으로는 오줌도 누지 않겠다고 악을 쓰며 악마소굴 같은 훈련소를 떠났어도, 대부분의 우리들은 웃음으로 그 시절을 찾고 있으니 이 또한 무슨 연유에서일까.

"이놈의 새끼들 뼈를 발라 유발에 싹싹 갈아서 물에 타먹을 테다."

가입대를 해서 처음으로 들은 이 말에 소름이 쫙 끼쳤던 일도, 훈련이 힘들어 겨울의 진해만 밤바다를 헤엄쳐 탈영을 시도하다 되돌아온 동기생의 초췌한 몰골도, 허기진 배를 버려진 음식찌꺼기로 가득 채우고 폭포수처럼 쏟아내던 배탈의 괴로움도, 보람과 자랑으로 평생 동안 군번에 담고 살아간다.

   3개월 동안 나약한 정신에 젊은 피를 새롭게 수혈받던 곳. 거친 호흡과 흥건한 땀이 밴 훈련소는 포항으로 옮긴 지 이미 오래다. 단 하나 움직일 수 없는 천자봉의 의연한 모습이 저 멀리 보인다. 그 아래 하얗게 새겨놓은 '해병혼'이란 글씨도 뚜렷하기만 하다.
   또 하나 반가움은 상륙훈련을 위해 승선하고 하선망훈련을 했던 LST함이다. 그 노함老艦은 아직도 퇴역을 하지 않은 채, 그 나이답지 않은 위세로 진해만을 의젓하게 지키고 있다.

   짧은 시간 동안, 이곳에서 얻은 정신을 사회 일부에서는 편견도 가지고 있다.
   때론 말보다 행동으로 나 자신을 드러내는 부정적인 측면이 없는 것은 아니다. 그러나 나이에 상관없이 조국이 부르면 하나의 깃발 아래 모이는 것이 바로 우리들이 아닌가.

남쪽 바닷가에서

조국이 부르면 하나의 깃발 아래
모이는 것이 바로 우리들이 아닌가.
좌절해 도망가고 싶을 때마다,
겨울밤에 밀려오는 파도를 알몸으로 받아내던
젊은 날의 투지를 곧잘 기억해 낸다.

이런 의지는 힘든 사회생활에서 육체적으로나 정신적으로 좌절해 도망가고 싶을 때마다, 겨울밤에 밀려오는 파도를 알몸으로 받아내던 젊은 날의 투지를 곧잘 기억해 낸다. 이미 신앙으로 굳어버린 그 정신은 고단한 삶을 지탱해 주고 있다.

대물림

아들녀석이 있다.

내가 아버지로부터 받았던 사랑에는 못 미치겠지만, 홀로 세상을 이겨낼 수 있는 값진 정신을 주고 싶었다.

각양각색의 직업과 성격을 가진 사람들과 부딪히며 생활하고 이해하며 치료해야 하는 직업을 가지게 될 아들에게 사병으로 군대에 가기를 권했다. 그것도 해병대에. 이 일로 집사람과 긴 냉전에 들어갔고, 한동안 어머니의 원성도 받아야만 했다.

몇 달 후, 녀석은 아침 일찍 입대를 한다며 작별 인사를 했다. 품에서 놀던 녀석이 막상 군에 간다니 대견스러웠다. 아마 이 심정이 지난 시절, 아버지의 심정이 아니었을까.

먼 길 떠나는 녀석 앞에서 어쩌면 내가 약한 모습을 보일지도 모른다는 생각이 들었다. 매정하고 담담한 척, 군 시절에 정복을 입고 찍은 명암판사진 한 장을 딸랑 건네주었다.

"아무리 힘들어도 내가 받은 훈련보다는 못할 것이다. 내가 이겨냈듯이 너도 힘들 때면 이 사진을 보고 이겨내라."

품 안에 자식이 아니기에, 언제나 떠나보낼 준비를 해야 한다. 집사람에게는 눈물일랑 절대로 보이지 말고 행여 훈련소에 따라갈 생각도 하지 말라는 당부까지 했다.

생의 한 언저리에 남다른 바다의 추억 하나를 녀석에게 꼭 남겨주고 싶었다. 그날 출근길에는 나를 보며 그토록 안타까워하시던 아버지의 모습이 아침햇살 속에 투영되어 오래도록 시리게 했다.

오늘도 거북선은 시간을 잊은 채 진해만에 의연히 떠있다.

어느새 찰랑거리던 아버지의 사랑을 비집고 내 모습이 어리고 있지만, 바다는 언제나 변치 않는 청춘이다. 그림자만 스치며 바뀔 뿐, 약속된 미래를 위한 푸른 생명력으로. 거기 나와 아들이 함께한다.

아들들의 편지

바람꽃

엄마 방에서 조심스럽게 나가는 남자.
분명 잠결이었지만 어린 눈에는 이상하고 낯설었다.
모든 식구들에게 이야기를 하고 보니 엄마는 꼼짝없이 외간 남자와 통정한 몹쓸 여자가 되고 말았다.
언제나 외지로 떠돌던 아버지의 모습은 어린 자식의 기억 속에 존재하지 않았다.
어쩌다 밤늦게 들러도 먼동이 트기 전에 조심스레 나가던 아버지마저 어린 아들은 본 적이 없었다.

어느 선배의 희극적인 사건이었지만, 웃고 넘길 수만은 없는 우리 직업의 한 단면이다. 그 주인공은 열심히 일하던 중동에서 비행기 추락사고로 세상을 하직하고 말았다. 장례식장에서 철없이 뛰어 놀던 그의 아들은 아버지의 어떤 그림자를 기억하고 있을까?

나는 그보다 형편이 좋았다.
그래도 자식들이 다 큰 후에야 해외생활을 끝냈다. 귀국 후에 지방 근무는 물론 서울에서도 별보기 운동에 바빴다. 이런 세월 때문인지, 자식들은 나에 대한 정을 별로 느끼지 못한다고 한다.

오랜 떠돌이 생활로 외로움은 익숙해 있다. 가정에 안주하는데 어설픈 아비의 모습이 내내 염려스러운지, 아들녀석한테 차분하고 날카로운 편지 한 통이 날아왔다.

「오늘 해부학을 하면서 독한 포르말린 냄새에 눈물이 날 정도로 코가 매웠습니다. 반드시 그 때문에 창밖으로 고개를 돌려야만 했던 것은 아니었습니다.

내 앞에 놓여있는 시신들이 같은 대기를 호흡하며 살아있었다는 생각에 한번쯤 하늘을 바라보게 하였습니다.

솔직히 두렵기도 했습니다. 영혼이 떠나간 자리, 굳어버린 형태뿐이라고는 하지만 그 흔적이 너무나 생생하여 바라보기에도 망설여지는 것은 누구나 느껴지는 것이겠지요.」

이렇게 시작한 편지는.

초등학교 때였지요. 자신이 사랑하고 존경하는 분의 전기를 써오라는 숙제가 있었습니다. 저에게 그 대상은 할아버지였지요. 가끔 그랬듯 할아버지와 한 이불 속에 누워서 이런저런 질문들을 했

아들들의 편지

당신에 대해서 무엇을 알고 있는지 떠올려 봅니다.
함께 걸어온 시간 속에
뚝뚝 끊어진 채로 놓여있는 삶의 모습들.
그 안에 담겨있는 당신의 마음을 알지 못했습니다.
더 늦기 전에 서로의 꿈과 사랑을 나누어보고 싶습니다.
아버지!

던 기억이 납니다.

'경기도 평택군 오성면……'으로 시작했던 것 같은 할아버지의 전기는 벌써 잊어버리고 말았습니다. 하지만 정말 아쉬운 것은 돌아가시는 그날까지 한 번도 그분이 걸어오신 삶의 이유를 물어보지 못했다는 것입니다. 세상 사람 누구라도 쉽게 대답할 수 없을 터이지만 그래도 한번쯤 물어보고 싶었는데, 그것을 깨닫고 행하기에는 제가 너무 어렸던 것 같습니다. 그리고 조금은 일찍 저의 곁과 그리운 모든 이들의 품을 떠나가신 이유이기도 하겠지요.

아버지, 당신에 대해서 무엇을 알고 있는지 떠올려 봅니다.

함께 걸어온 시간 속에 뚝뚝 끊어진 채로 놓여있는 삶의 모습들. 하지만 그 안에 담겨있는 당신의 마음을 알지 못했습니다. 그리고 더 늦기 전에 서로의 꿈과 사랑을 나누어보고 싶습니다. 아버지!

− 비 오는 날에.

아들들의 편지

변명

우리 세대의 대다수 아버지.

그 위상은 어려움과 두려움의 대상이었다. 하지만 녀석의 눈에는 꼭 그렇게만 비쳐지지 않았나 보다. 아니면 세월의 모습이 변한 것인지도 모른다.

외지로 떠도는 사이 아들은 어느새 훌쩍 세월을 뛰어넘어 이제는 자신의 잣대로 아비를 바라보고 있다. 어느새 녀석도 서서히 떠날 때가 되어가는구나 하는 씁쓸한 생각을 떨쳐버릴 수가 없었다.

아비의 손길 대신 할아버지의 까실까실한 턱수염을 비비며 그리 별스럽지 않게 자라준 것이 고마웠다.

더구나 머지않아 먹기 싫어도 보약은 대놓고 먹일 테고 며느

리와는 별도의 용돈이 슬그머니 옆 주머니로 들어오지 않을까 하는 말년의 꿈을 가져도 보았다.

헌데, 한쪽 귀퉁이에 스스로 답하라고 한 속셈이 답장을 보내라는 것인지, 말라는 것인지. 결국 생각 끝에 답장을 썼다.

「홍성태 씨(사회학) 말처럼, 튼튼하게만 자라다오, 하던 시대에 너희가 태어나, '아빠보다 더 똑똑하게 키울 거예요.' 라며 급변하는 시대에 낡은 내가 무엇을 이야기한다는 것이 과연 옳은 일인지는 모르겠다.

싫으나 좋으나 우린 제각기 틀린 인생을 살아가고 있다.
누구를 탓하고 원망하기보다 자신에게 주어진 삶에 대한 책임과 희망을 안고 살아가야 한다는 거다.
하지만 그건 간단할 것 같으면서도 참으로 어려운 명제다.
복종만이 미덕이던 시절에 들었던 책임, 그 멍에를 걸치고 나는 지금껏 살아오고 있다.

　어느 때는 벗어나고 싶었고 다른 존재를 찾아 떠나고도 싶었다.

　그럴 때마다 쥐어진 책임은 어느새 원심력이 되어 돌아오고 만다. 그 흡인력으로 무거운 책임감을 추스른다.

　그 속에는 보이지 않을지언정 가족에 대한 사랑으로 내딛는 묵직한 발걸음이 있다.」

봄비 속에서

편지를 다 썼다. 하지만 그 무엇으로도 채워지지 않는 허기를 느꼈다.

아버지. 당신 품에서 어리광을 피우던 손자가 벌써 이렇게 커서 저에게 하고픈 말을 합니다. 어리게만 느꼈었는데 조그만 녀석에게 한 방 맞았습니다. 편지를 읽으면서 오랫동안 저의 빈자리를 채워주셨던 사랑에 감사드립니다. 어쩌면 아버지가 계셨기에 안심했는지도 모릅니다.

먼 이국땅을 떠돌면서 가슴 한편엔 그리움과 푸근함이 또 다른 한쪽엔 내 마음대로 하고 싶다는 객기를 지니고 살았습니다. 하지만 그때마다, 아버지의 얼굴과 가족이라는 고무줄이 팽팽하게 저를 긴장시켰습니다.

아비로서 넋두리같이 '왜'에 대한 대답을 시원스레 하지는 못했습니다. 지금은 저도 딱 부러지게 말하지 못하지만 언젠가는 저와 같이 녀석도 저를 바라볼 때가 있지 않을까요.

친구분의 배신으로 그토록 힘들어하시는 것을 알면서도 외면했던 저는 당신이 가시는 날까지 용서를 빌지 못했습니다. 생을 놓으시기 전에 우리 가족을 어렵게 했던 친구 분의 약속어음을 "이제 다 잊어버리시지요." 하던 저의 말을 듣고 그 자리에서 훌훌 찢어버리시던 의연함에서 인생의 유연함을 배웠습니다.

많은 사냥길이 후회된다며 "살생을 하지 마라."는 유언 아닌 유언으로 남기시던 홀가분함에서 진정한 자유를 느꼈습니다.

훌쩍 떠나버린 진해훈련소 정문 앞에서 어느 날 갑자기 비춰 주신 모습에서 당신이 자랑스럽다는 뿌듯함을 만끽했습니다.

배고픔에 허덕이던 그때 가져오셨던 꿩고기는 지금도 잊을 수 없는 당신의 맛입니다. 행여 전쟁터마저도 말없이 또 떠나지는 않을까. 월남 전쟁터로 차출은 당하지 않을까 노심초사하시던 당신은 저의 든든한 버팀목이었습니다. 잘나지도 못한 제가 아버지의 주름을 늘리는 장본인이 되었습니다.

당신은 호들갑스럽지도 엄격하지도 않은 사랑을 주셨습니다.
살며시 지으시는 미소 속에는 삶의 교훈을 담아 내셨습니다. 억지와 강압적인 깨달음이 아닌 스스로 느끼고 장남으로서 가져야 할 책임감을 안겨 주셨습니다. 인내와 관용도 함께.
지나친 사랑은 언제든지 깨질 수 있으며 받아들이기 벅찬 사랑은 오히려 돌이킬 수 없는 아픔을 만들 수 있다는 것도 알았습니다.

아버지께서 제게 하신 것처럼 무관심한 웃음과 태연한 말에 담

긴 애정으로 당신의 빈자리를 채우려 합니다. 이제 막 세상으로 나가려는 아들녀석에게 순리와 평탄만이 삶의 길이 아님을 이야기하지는 못했지만 아마 눈치채고 있을 거라 생각됩니다. 다만 곁에서 힘을 잃지 않도록 보살피겠습니다.

그러나 아버지!
당신이 내게 주신 사랑의 크기를 감히 흉내 낼 수는 없을 것 같습니다.

그리움이 녹아든 빗줄기가 내리고 있었다.

시간의 여유

나그네 길

출장 길, 기차가 한결 편하고 여유롭다.
열차의 흔들림은 요람의 기억과 함께 느긋한 마음을 준다.
창밖에 다가서는 시원한 들녘.
분명히 지나친 적이 있는데도, 막다른 기억 앞에 서성이게 한다. 혹 꿈속이었나, 아니면 전생이었을까. 초행길임에도 은근한 친밀감에 푸근해진다.

시간의 여유

더 이상 가고 싶어도 갈 수 없는 부산.

출렁이는 허허바다를 향해 나를 실은 열차는 벌써 서울을 뒤로하고 달리고 있다.

인생은 한마당의 꿈이요, 무한한 여행길에 잠깐 들르는 작은 노정露呈이라더니 어느새 대구쯤에 도착하고 있다.

조만간 내릴 종착역에는 저마다 새로운 삶들이 지난 사연을 망각의 문에 걸어둔 채 서울로 다시 향할 이 열차를 타기 위해 조용히 움직이고 있을 것이다.

밤안개에 싸이면 얼마나 멋있을까.

고운 체로 거른 뭉클한 낭만에 흠뻑 젖어 떠날 수 있을 테니.

종착역에 내릴 사람들에겐 거미줄 같은 인연의 고리를 흘러보낼 수 있는 비 오는 밤이면 더없이 좋겠다.

시간의 여유

    나는 종착역에 도착하면 기다리던 갈매기를 앞세우고 별빛을 더듬는 미지의 긴 항해를 또다시 시작할 거다.
    힘들면 푹신한 구름에 앉았다가, 자유로운 영혼에 은빛 날개를 달고 훨훨 날아다닐 것이다.

    누구의 강요도 없이 떠나온 출장 횟수를 매번 잊어버린다.
    그래도 인생의 시작과 끝이 펼쳐지는 곳은 분명 한곳이라는 기억을 어렴풋이 하게 된다.
    앞으로도 끊임없이 오가는 이 기차를 탈것이라는 우주의 신비한 시간을 은연중 알고 있다.

기적소리

지나온 발걸음의 여운이 가늘게 떨린다.

Nat King Cole의 감미롭고 매혹적인 목소리를 곁에 두고 촛불을 켜본 지가 언제쯤일까. 그의 '모나리자'는 때맞춰 내리는 검은 빗줄기에 녹아들고 있다.

불빛의 다정함도, 책상의 체취도 예전 그대로다. 다만 깊은 밤 아스라이 들리는 기적소리에 향수를 달래던 얼굴엔 돋보기가 걸쳐지고, 여기는 다 커버린 아들 방이라는 것 이외에는.

꿈과 현실을 오가던 숨결도 그대로다. 하고픈 것도 가지고 싶은 것도 많았지만 주어진 환경에 끼워 맞춰 정리하고 털어 버렸다. 결국 남은 몇 조각을 엉성하게 짜깁기하고 불평도 다행이라며 삶을 꾸려왔다.

부족함을 내일로 넘기던 모습들. 이런 것이 다 인생이구나 하며 받아들이던 시간들. 그렇다고 축 늘어져서 고개를 숙이지는 않았다. 힘이 들면 들수록 머리를 들었다. 허리를 세우고 푸른 하늘도, 궂은 하늘도 다시 또 올려다보았다. 새로운 길을 만들고 찾으며 지나온 세월. 어차피 인생은 누구도 다음 갈 곳을 모르는 고달픈 나그네라 하지 않던가.

내 나이와 얼굴에 더욱 책임져야 하는 발걸음을 조심스럽게 내딛고 있다. 훌쩍 커버린 자식들에게 흡족하지는 않아도 비굴하고 헛된 삶이 아니었음을. 내가 아버지를 자랑스럽게 생각하고 그리워하듯, 이 아비를 자랑으로 여기도록 다리에 힘을 주며 여명을 기다린다.

초 하나를 새로 밝힌다. 여리지만 은은하게 멀리 퍼지도록 심지를 잔잔히 고른다.

.
.
.

이맘때면 기적소리가 들렸는데.